JN440148

마지막 리허설

시인은 삶에서 한 잎의 외로움도 떼어내지 못한다

마지막 리허설

최일화 시선집

시인동네

시인의 말

언어 속에 모든 부조리
불공평을 견디는 힘이 있다.

자연 속에 모든 분노
눈물을 말리는 길이 있다.

다듬어지지 않은 원석
나의 작업은 아직 끝나지 않았다.

시가 밥이 되진 않았지만
내 삶의 넓은 저변이 되었다.

2019년 가을 인천 서창동에서
최일화

| 차례 |

제2부 해질녘

제3부 마지막 리허설

제4부 해와 달보다도 먼 곳

제5부 새의 장례식

제6부 온유하면 되는 것이다

제7부 남향집

제1부

나의 하늘

할머니의 팔매질

들녘에서 하루 일을 끝내고 돌아오시던 할머니는
논두렁의 풀섶을 구불구불 뱀이 지나가면
돌멩이를 주워들고 연실 팔매질을 하셨다
무심히 뒤따르던 어린 손자는 영문을 모른 채
할머니를 바라보고 더러는 덩달아 돌을 쏘기도 하였다
할머니의 팔매질은 푸른 들녘의 햇살이 되고
아름답던 날의 서정이 되고
할머니의 팔매질은 우리 집의 사랑이 되고
세상의 평화가 되고
밤늦도록 불 밝히고 꿈을 가꾸던 토담집 들창머리에 오시어
얘야, 이제 그만 자거라 하시던 그 음성 못내 그리워져도
대소한 지나는 계절의 길목 분분히 눈발만 흩날리는데
할머니는 벌써 세상에 아니 계시고

황톳길

불덩이처럼 뜨겁던 사랑을 품고
남몰래 뒤척이던 숱한 밤으로
항상 나를 맞아주던
먼 고향의 황토 고갯길

고개 넘으면 편운재
시인의 고향이 열리고
가지 뻗어 저만치
소풍 길의 추억 운수암 가는 길
산자락 끼고 돌면 한편으로
미리내 성지로 향하는 길

길옆으론 주막이 하나
가을꽃들에 둘러싸이고
솔밭 사이엔 호수가 하나 맑게 나앉아
잔잔히 물결 이는 곳

산란했던 날들은 가고 사랑도 가고

온 길 돌아보고 다시
갈 길 서둘러 생각하는 나이에
마음으로 열려오는
먼 고향의 황토 고갯길

나의 하늘

내 열세 살 적 가을에
돌아가신 할아버지
할아버지는 나의 하늘이었다
할머니가 돌아가셨을 때도
어머니가 돌아가셨을 때도
그때처럼 울지는 않았다
하늘이 무너져 내린 듯
꽝꽝 마룻장을 구르며 울부짖지는 않았다
할아버지의 죽음은
내 어린이를 마감하는 통과의례였을까
졸업장과 상장을
할아버지 영전에 바치고
나는 늠름한 중학생이 되었다

꽃나무

아카시아 향기를 실어다 주던
고향 언덕의 향긋한 바람이
바다의 해초 향기 실어다 주던
그 원색의 바람이
분주한 일상의 피륙에
색실처럼 얽혀진 고뇌
내 주거한 도회지 마을로 와서는
공허한 욕망의 회오리바람
살육의 피 냄새도 섞여 불어
허구한 날 그 바람으로
나의 수염은 날마다 뻣뻣하게 자라나고
얼굴엔 까뭇까뭇 기미가 끼고
그 바람 속 나의 영혼이
꽃잎처럼 몸을 떨고
헐벗은 산야처럼 피부가 거칠어져도
어쩌랴 나는 다칠 수가 없다
내 가슴속 한 그루 푸른 꽃나무

양초를 찾다가

고요한 밤
몇몇 시인의 시를 읽는데 갑자기 정전이다
불현듯 일어나 창문 밖을 보니
찬바람 속 하늘엔 별빛만 흔들리고
지상은 온통 어둠의 바다
잠을 청하기는 아직 이르고
몇 줄 써야 할 시도 있는 까닭에
엉금엉금 기면서 양초를 찾는다
책상 서랍을 더듬고 보일러실에 성냥을 그어대며
어머니가 사두신 부활초를 어디서 본 듯도 한데
아무리 찾아도 초 도막은 없다
이 막막한 절망
남은 시 몇 구절을 어떻게 읽나
써야 할 몇 줄의 시는 또 어떻게 쓴단 말이냐
없는 초를 찾다가 절망하고 누워서
한동안 적막한 고독 속을 헤매다가
더듬더듬 어둠을 헤집어 시를 쓴다
읽던 페이지는 고이 접어 머리맡에 놓아두고

체중을 뚫듯이 시 한 편을 지어낸다
한 줌의 사랑 한 움큼의 위안
지그재그 시 한 편을 짓는다

나무

사립을 열면 나무 한 그루
유년의 햇살 속에 잠기어 있다
할아버지 할머니 홀연히 승천하시고
천수를 다한 고향집
옛날처럼 먼 능선 해돋이를 지켜보며 서 있다
둥지를 떠나는 철새들처럼
연로하신 부모님 서울서 모셔가고
뿔뿔이 흩어진 오누이들
언제 다시 그리운 옛집에 모일 것이냐
전답은 오래전 팔려나가고
곳간엔 더 이상 나락이 쌓이지 않는다
잃어버린 고향
오다가다 만나는 낯선 얼굴들
잔칫날이 와도 설날이 와도
반겨 맞던 일가친척 발길 끊기고
마을사람들 정답게 오고 가지 않는다
세월은 이렇게 무정한 것인가
내가 타향에서 나이를 먹으며

절망의 시를 쓰는 동안
고향에선 살구나무 한 그루
담장 키를 넘어 자라고 있었다
외로움을 달래려는 듯 화사한 꽃을 달고 있었다

무관심

인천시 신포동 지하상가 계단에는
손바닥이 새까만 아이가 하나 늘 엎드려 구걸을 한다
조그만 그릇 하나를 받쳐 들고
이마가 바닥에 닿도록 쭈그리고 자선을 구한다
그릇 속에는 동전이 서너 개
저 녀석이 동전을 구하나 인정이 아쉬운가
찬바람을 일으키며 나는 바삐 지나간다
인정 많은 할머니들도 본체만체 지나간다
신부님 목사님도 보는 둥 마는 둥 지나간다
눈가에 눈물 자국 선연한 채로
전쟁고아들은 다 자랐을 텐데
저 무수한 사람 발길에 차이며 구걸하는
땟물 눈물에 절은 아이는
날이면 날마다 어디서 솟아나는 것일까
지지리 못난 부모는 병이 났을까
바람이 나 도망을 쳤을까
용무를 마치고 돌아오는 길에도
고슴도치 모양으로 그 시늉이다

녀석에게도 사연이 있을 텐데
빤질빤질 닳고 닳은 세상
신용을 잃은 녀석 하소연은 통하질 않고
지하도 입구로 몰아치는 초겨울 찬바람
죄 없는 아이의 목덜미만 때린다, 귓불만 얼린다

소나기

장광 독 닫아라
소나기 올라

고추 멍석 걷어라
비 들이칠라

부스스 낮잠 결에
엄마 목소리

어느새 장광 독엔
빗물이 괴고

금세 고추 멍석
흠뻑 젖었다

엄마는 다시
밭에 가시고

햇빛은 쨍쨍

다시 빛나고

하느님은 위험하시다

하느님은 고달프시다
도둑질을 한 사람
간음을 한 사람
살인을 한 사람
낱낱이 자기의 비밀을
불온한 재산처럼 간직한 채
당신의 이름을 헛되이 부를 때
하느님은 고달프시다
낱낱이 그 죄를 가리어
용서하고 위로하고 다시 사랑하시고
괴롭고 슬프고 또 외로우시다
기도 소리와 성가 소리에
기뻐하시기보다
보이지 않는 것까지
속마음까지 보시는 당신께서
저 사람들의 마음속의 원한과 증오와 욕심을
훤히 들여다보시며
하느님은 난감하시다

호시탐탐
당신을 처형하려는 무리 앞에
하느님은 또 위험하시다

시를 버리지도 못하고

내가 저 스승 뻘 되는 시인들만큼 시를 쓸 수 있겠는가
그렇지 못할 바엔 그냥 시를 집어치우고
좋은 시를 찾아 읽는 걸로 만족하고
나는 나대로 열심히 생업에나 종사하는 게 좋지 않을까 하다가도
좋은 시를 쓸 수 있을 것 같은 생각이 들기도 해서
또 열심히 시를 써놓고 보면
내 스승 뻘 되는 그런 시인들의 시에는 어림도 없는 것이다
그러나 한 가지 분명한 것은
가장 훌륭한 시인들의 시를 읽는 것 못지않게
한 편의 서투른 시를 지어내는 일의 즐거움 때문에
나는 시를 버리지도 못하고
자꾸 서투른 시를 짓고 있는 것이다
언젠가는 내 서투른 시가
누군가의 스승 뻘 되는 감동적인 시가 되기를 바라면서

제2부

해질녘

우리 엄마 작은 무덤

우리 엄마 무덤에
작은 무덤에
겨자씨만큼이나 작은 무덤에
작은 풀꽃 몇 개 피어났어요

우리 엄마 무덤에
작은 무덤에
해 저물녘 찾아가 곁에 앉아서
도란도란 얘기하다 돌아옵니다

엄마 또 올게요
그래 잘 가거라
엄마와 헤어져 돌아오는 길
펼쳐진 저녁놀 참 곱기도 합니다

봉숭아 꽃씨

그린벨트 내
집 서너 채 마을엔
아직도 고향처럼
봉숭아 빨갛게 피어 있었지
그 마을에 가
봉숭아 꽃씨 몇 개 얻어왔네
조그만 봉지에 고이 넣어
어머니의 영정 곁에 놓아두었네
가을 가고 겨울 가고
산천에 다시 봄빛이 완연하면
봉숭아 꽃씨 내다 화분에 심었다가
부슬부슬 봄비 내리는 날
어머니 무덤으로 달려가
봉숭아 몇 포기 심어야겠네
고향의 꽃밭처럼 봉숭아 자라나고
어머니 떠나시던 날 다시 오면
빨간 봉숭아꽃
예쁘게 피어나리라

가을이 늦기 전에

봉숭아 꽃씨 몇 개 얻어왔네

그는 시인이 될 것이다

나더러 시인이 아니라고 해도 무방하다
시인보다 더 좋은 시를 쓰는 시인 아닌 사람도 있다
시인 아닌 사람보다 더 시를 못 쓰는 시인도 있다
나더러 시인이 아니라고 해도 무방하다

나는 이름난 시인들을 좋아하지만
좋은 시를 쓰면서도 이름나지 않은 시인들을 더 좋아한다
시는 좋지도 않은데 이름만 나 있는 시인들도 있다
독자들은 이름난 시인들을 좋아한다
좋은 시를 써도 이름나지 않으면 거들떠보지도 않는다

그러나 나는 굳게 믿고 있다
좋은 시를 쓰는 사람이 시인이 아니더라도
반드시 승리할 것이라고
후세에 길이길이 빛을 발하리라고

이름 없이 좋은 시를 쓰는 사람들의 단단한 힘
좋은 시를 쓰지 못해 이름나지 않는다면 할 수 없는 일이다

이름 없이 좋은 시를 쓰는 사람들의 단단한 힘
비로소 그는 시인이 될 것이다
마침내 그는 시인이 되고야 말 것이다

육신

어머니의 육신은
이제 다 썩었을 거야

내가 먹고 자란 어머니의 젖
그 젖무덤도

이제 다 썩어서
흙이 되었을 거야

사시사철
밥상 차려주던
어머니의 손

그 따뜻하던 손도
이제 다 썩어서
아무런 흔적도 없을 거야

어머니의 육신은

이제 다 썩어서

바람이 되고
물이 되었을 거야

저 강산 저 들판
햇살이 되었을 거야

먼 길

아무도 동행할 수 없는 길
먼 길 홀로 떠나신 어머니
어머니와 함께 살던 이곳
바람 부는 세상에 홀로 서서
어머니 가신 먼 길 아득한 길을
바라보고 있습니다
하늘 천사 맞이하여
어머니 눈물 닦아드리고
꽃다발 한 아름 안겨드린다 해도
아들도 며느리도 없는 그곳
손녀딸들도 없는 그곳
어머니는 얼마나 외로우실까요

촌놈

점심을 먹고 텅 빈 사무실에 앉아
인천 시가지를 바라보니
인천에 오던 때가 어제 일인 양 떠오른다
인천에 처음 올 때는 촌놈이었다
서울서 대학은 다녔지만 여전히 촌놈이었다
고향 들녘 풍광에 내 뼈마디는 다 굵었다
인천에 온 지도 벌써 30년이 되었네
촌놈이 인천 와서 30년 동안 굶지 않고 살았으니
하늘이 버리지 않고 지켜준 게 틀림없다
30년을 살아보니 대도시도 별로 볼 게 없다
처음 올 때보다 낯선 것은 조금 면했지만
여전히 나는 옛날 그대로 촌놈이다

백로

여기 폐염전과 갯벌 어우러져 펼쳐진 넓은 벌판
갈매기 한 마리 길 잃어 애달피 끼룩거리며 잔뜩 흐린 하늘 높이 배회하고
저만치 부지런히 갯벌을 메워 아파트 단지를 조성하는 바쁜 현장
나는 일모(日暮)의 한때를 폐염전 물웅덩이 곁에 서서
깃털 고운 백로 두 마리 서로 쫓고 쫓기는 긴박한 순간을 목격하노니
물가에 평화로이 노닐던 저 야생의 자유로운 새들이
무슨 일로 저리 치열하게 부리를 앞세우고 날개를 푸득거리며
물을 튀겨 치열하게 쫓고 쫓기는 싸움에 휘말려 있는 것인가
먹이를 놓고 한판 다투는 듯도 하고
저만치 조신하게 있는 천생의 배필을 놓고 사투를 벌이는 듯도 하고
이내 쫓기던 녀석 공중으로 붕 날아올라 벌판에도 다시 평화가 깃드는 것을
나는 어린아이와 같이 망연히 바라보고 있다

저만치 토목공사 현장 옆으로는 팔차선 도로 부산하게 건설중에 있고
이쪽 기존 고속도로엔 온종일 매연과 소음을 일으키며 질주하는 차량들
대도시 인근 지역 이 번거로운 이십일 세기 초엽
백로 두 마리 희고 고운 날개를 푸득거리며 쫓고 쫓기고
부리를 앞세워 용감한 병사처럼 달려들어 혈투를 벌이는 양은
차라리 한 폭 아름다운 꽃 같은 풍경
나는 오늘 저들의 치열한 생존의 모습을 목격하고서 안도하노니
대도시 인근에도 저리 건강한 야성이 여전히 살아있다는 것
타고난 본성을 마음껏 펼쳐 보이는 저 경이로운 몸짓
까마득한 옛날 먼 조상 적부터 간직해온 저들만의 습성을
나는 대도시 인근 폐염전 일모의 시각 한 폭의 그림인 양 보고 있다

까치

들길을 걷는데
까치가 깍깍 말을 걸어온다
만나서 반갑다고
어디 가시느냐고
여기는 먹을 것이 많아서
겨울나기가 좋다고
정답게 말을 걸어온다

저 까치 중엔
이 들판 저 야트막한 아카시아 둥지에서
지난봄 태어난 것도 있으리라
멀리 시베리아로 강남으로
떠나야 하는 수고도 없이
태어난 고장 태어난 마을에서
마을 사람과 함께 까치는 산다

까치들이 겨울을 나는 들판엔
멧비둘기도 두세 마리 모이를 쪼고

텅 빈 하늘 흔들리는 갈대
멀리 가물가물 들길을 가는
사람의 모습도 하나 보인다

외로움

바람처럼 가벼이 들길 걷다가
봄볕 속에 앉아 신록의 산야 바라보며
인생은 참 외로운 것을

어제의 추억 있고 내일의 희망 있어도
친구 있어 기별 오고 일상이 늘 바쁘더라도
사람 사는 일 참 외로운 것을

오늘도 온종일 네 생각
삶이 외로워 네가 그리운 걸까
네가 있어 이 봄날 외로운 걸까

바람처럼 허허롭게 들길 걷다가
풀밭에 앉아 호수의 물결 바라보며
꽃피는 계절도 이렇게 외로운 것을

항구도시의 봄

뭇사람들 피워 올린 그리움이다
간곡한 기다림 화사한 꽃으로 피어난 것이다
산에 들에 마을에 저 꽃 사태는
그리움 먼저 달려가
환한 꽃 세상 만들어놓은 것이다
천국의 들녘이 아마 저럴 것이다
이제 마음속에 꽃만 피우면 된다
어느 세상이 이보다 더 아름다울 것인가
지상 최고의 잔치가
지금 항구도시에서 벌어지고 있다

제비 배웅

일찍 일과를 마치고 귀가하니
해가 중천에 걸렸다
목로에 나가 낮술이나 한잔할까
소래포구에 나가 바람이나 쐴까 망설이다가
자전거를 끌고 나왔다
제비에게 인사라도 해야지
중양절도 가까웠는데
서창 들녘을 지나
해양 생태 공원을 지나
시흥 벌판을 한 바퀴 둘러봐도
푸른 하늘엔 흰 구름뿐 제비가 없다
아무래도 올해는 일찍 길을 나섰나보다
살기 좋던 옛날을 아쉬워하며
먹을 것도 집 지을 곳도 여의치 않아
내년 봄 다시 와야 할지
오지 말아야 할지 수심에 싸여
올해는 예년보다 빨리 강남 길에 올랐나보다

해질녘

고추밭에는
고추가 주렁주렁 열리고
이제 곧 첫서리가 올 텐데
어서 고구마도 캐야 할 텐데
참깨도 털어야 하고
콩도 털어야 하고
수수이삭도 잘라야 하고
들녘은 온통
일손을 기다리는 것들뿐인데
허리가 휘도록 갈걷이에 바쁜 건
수수깡처럼 말라빠진
까칠한 노인들뿐
오늘 같은 공일엔
자식들 잠시 내려와
늙은 부모
일손 좀 도왔으면 좋으련만
뉘엿뉘엿 지는 해에
긴 그림자 홀로 들녘에 외롭다

나 혼자 놀자

엄마는 죽어서
산에 묻히고
아버진 낯선 곳에
남하고 살고

바람 부는 들판에 나 혼자 놀자

길가에 꽃들
길동무 삼고
하늘에 흰 구름
말동무 삼아

저물도록 들판에 나 혼자 놀자

제3부
마지막 리허설

뙤약볕

땀을 뻘뻘 흘리고
얼굴 까맣게 그을리라고
뙤약볕은 쨍쨍 내리쬐는 것이다

땀이 뻘뻘 나면 바람을 맞고
얼굴 까맣게 그을리면
그늘에 들라고
뙤약볕은 자꾸 불러내는 것이다

사람들이 모두 나와
볏논에 벼
콩밭에 콩
무럭무럭 자라는 것 바라보라고

감자밭에 감자
수수밭에 수수
너울너울 지리는 것 바라보라고
뙤약볕은 한 여름내 내리쬐는 것이다

그림자

많은 그림자 어른거려야 어린이는 잘 자란다
엄마 아빠의 그림자가 있어야 하고
할아버지 할머니 그림자가 하늘 그림자처럼 드리워야 하고
고모, 이모, 외삼촌의 그림자
큰아버지, 작은아버지 그림자가
오곡백과처럼 풍성해야 무럭무럭 자란다
언니, 오빠, 누나 그림자가 있으면 금상첨화다
그 그림자를 밀고 당기고
뒤집어쓰고 밟고 뭉개고 껴안으며 놀아야 한다
그 그림자와 때리고 싸우고 미워했다가 화해하고
다시 악수하고 나란히 앉아 밥을 먹어야 한다
다시 언제 그랬냐는 듯
떨어져 나와
혼자 즐겁게 다시 고독을 견디며 자라야 한다
엄마 아빠의 그림자는 있어야 하는데
엄마 아빠 그림자가 없는 아이들이 있다
어떤 아이는 엄마의 그림자가 없고
어떤 아이는 아빠의 그림자가 없다

그림자가 없으면 아이들은 무서움을 타고
외로움을 타고 밤에 오줌을 싸기도 한다
여러 가지 그림자 속에서 자라 어린이는 또 다른 그림자를 찾아나선다
어떤 아이는 아인슈타인의 그림자를 찾아가고
어떤 아이는 박수근의 그림자와 어울린다
엄마 아빠 그림자 같이 꼭 필요한 그림자가 없을 땐
누가 그 그림자를 대신해야 한다
내게 아버지의 그림자가 없을 때
할아버지 그림자가 대신하여 위기를 모면했다
할아버지가 없는 아이들은 선생님이라도
그 그림자를 대신해야 하는데
선생님의 그림자마저 없는 아이들도 있다
아무리 사방을 둘러봐도 그림자 구하기가 여의찮을 때도 있다
그럴 땐 책을 이용하면 된다
어떤 책 속엔 사랑의 그림자가 가득하기 때문이다
그 그림자 속에서 무럭무럭 자라면 된다

마지막 리허설

반세기 넘게 살던 집을 떠나며
아버진 어두워진 귀를 바짝 들이대며 큰조카에게 전화를 한다
너 병풍 필요하면 가져가거라
소파 필요하면 갖다 쓰거라
아버진 두루마리 화장지를 세 토막씩 잘라
기저귀처럼 쌓아놓고 사용하는 분이다
집을 세 주고 큰딸네로 옮기기로 마음을 정한 후
마루를 서성이고 창밖을 내다보며
아버지는 여러 날 고심했을 것이다
이제 여기 다시 안 올 텐데
저 식탁을 어쩌나 저 냉장고 텔레비는 어쩌나
궁리 끝에 얻은 결론을 이제 실천하는 것이다
작은딸에게도 전화를 해서 냉장고 교환할 때 안 됐니
김치냉장고도 필요하면 가져가거라
아내에게도 전화를 했단다
이제 언제 입겠니
애비 입을 만한 거 있나 한번 와서 찾아봐라
아내는 두툼한 겨울 점퍼와 한복 한 벌을 가져왔다

한 푼 두 푼 아껴가며 장만한 살림살이들
큰돈을 주고 장만했을 병풍, 침대, 장롱까지도
필요하면 모두 가져가란다
비로소 비워내는 것인가
세월 앞에선 구두쇠도 헐거워지는 것인가
두 마누라 때문에 늘 어깨가 무겁던 아버지
마누라 하나 오래전 떠나보내고
더 가벼워진 것 같지도 않은데
또 마누라를 하나 더 먼저 보낼지
이번엔 마누라보다 먼저 당신이 떠날지 알 수 없지만
두 노인네 딸네 집으로 거처를 옮기며
필요하면 다 가져가라고
일일이 전화하는 아버지를 보며
아버지를 모시지 못하는 내 처지보다도
앞서거니 뒤서거니 언제 떠날지 모를 두 노인이
파란만장의 무대에서
마지막 리허설에 몰두하는 노역 배우 같기도 하고
황혼녘 장엄한 서쪽 하늘같다는 생각이 들기도 하고

잠자리 1

잠자리는 나하고 동무하고 싶은가보다
시월이 와도 여전 내 곁에 와 날고 있다
어느 늦가을 아침 서리를 하얗게 뒤집어쓰고
마른 풀잎에 매달려 생을 마감할 때까지
잠자리는 들녘이 좋아 햇빛이 좋아

제비가 이열 횡대로 도열하여
먼 여행길 마지막 행장을 꾸리는 가을
도회지 누군가 자살 소식이 들려와도
듣는 둥 마는 둥 아랑곳없이

낚시하는 사람 곁에서 콩을 거두는 농부 곁에서
먼 조상들 삶의 방식에 따라
잠자리는 그렇게 날다가 천진스럽게 놀다가
마른 풀잎 위에서 날아오르듯 가볍게 세상을 뜬다
풀잎도 꽃잎도 다 시든 어느 날 아침

잠자리 2

잠자리 한 마리
거미줄 앞에 날고 있습니다

물웅덩이 옆에서 놀고 있는
아이처럼 위험합니다

얘야! 얘야! 위험해!
다급하게 소리쳐 보지만

잠자리는 들은 체도 안 합니다
잠자리는 귀가 없나봅니다

그림의 떡

나이를 먹을수록
하나 둘 늘어가더니
이제 사방에 그림의 떡 널려 있다

한때
내가 되고 싶던 마도로스도
이제 그림의 떡이다

한때 나의 이상이었던
페스탈로치
달가스
슈바이처도
다 그림의 떡이 되었다

어릴 적 동무도
연애편지를 쓰던 계집애도
지금은 다 그림의 떡이 되고 말았다

얘들아, 조심해라
무지개 같은 꿈도
세월이 지나면 그림의 떡이 되고 만단다

추석 다음날

고향에 내려가 성묘하고
부모님 뵙고 온 추석 다음날
소래 갯벌 공원으로 산책을 나갔다

자전거를 타는 사람
손을 맞잡고 걸어가는 사람
열심히 사진을 찍는 사람
공원은 사람들로 붐볐다

빨리빨리 추석을 잊으려는 듯
힘차게 팔을 저으며
종종걸음으로 걷고 있는 사람도 있다

내일부터 다시 살아가자면
부모님과 형제들 이젠 잊어야 한다

빨리 고향을 훌훌 털고
바쁘게 움직여야 아이들 가르치며 또 먹고 살지

사람들 공원에 나와
훌훌 먼지를 털듯 추석을 털고 있다

자식 손자 저만치 밀어놓고
한동안 쓸쓸하게 지낼 준비에
부모님도 지금쯤
들길 한 바퀴 휘돌고 있을 것이다

청문회

갯벌 공원 산책하다 길바닥에 보는 것은
튀어나온 돌멩이
경운기 바퀴에서 떨어진 진흙
승마 클럽 말이 싸놓은 말똥
황혼 무렵 뜻밖에 MP3를 보았다
스위치를 올리니 노래가 흘러나왔다
막내딸은 대뜸 지가 쓰겠단다
아내도 산책할 때 들으면 좋겠단다
한 식구라도 우린 서로 사상이 다르다
공원 쉼터 기둥마다 방을 붙였다
MP3 잃어버린 분
일요일 황혼녘
010–4860–××××
어려서 나는 성자가 되고 싶었다
슈바이처
톨스토이
성 프란체스코를 읽으며 꼭 성자가 되고 싶었다
성자가 되진 못했지만

길 잃은 MP3 주인 하나 못 찾아주랴
방은 며칠 후 비바람에 찢겨나갔다
MP3 주인도 못 찾아
심심해진 나는
청문회 자리에 나를 앉히고
청문회 스타처럼 몰아붙인다
투기한 거 없고 위장전입 없어도
나는 대뜸 들통 나고 만다
어렸을 때 배 서리한 거
내가 죽인 잠자리, 메뚜기
어린 종달새, 때까치새끼
도둑질, 간음, 살인, 폭행, 사기, 공갈협박
어려서 수영장 물속에서 오줌 눈 거까지
낱낱이 밝혀진 나는 자진 사퇴하고
주인 잃은 MP3는 영영 길 잃은 철새가 되고
가을은 낙엽에 바람을 날리고

탈출

너는 너무 길들여졌어
관습에, 뻔한 일상에 너무 길들여져서 진부해
새로운 게 없어
남들을 보라고
너는 겁을 먹고 주저앉고 말지만
팍팍 실행에 옮겨 헤어지는 부부들
마지못해 붙잡고 있는 직장을
단칼에 베어버리고
저 푸른 바다로 유유히 헤엄쳐 나가는 사람들
너는 좀팽이처럼
사람들의 시선에 움츠리고
가벼운 칭찬에 흐뭇해하며
동네 어귀 서성거리며 그 많은 세월 탕진한 거야
조금 더 과감해져야 해
와일드해져야 해
네 언어는 너무 온건해
터무니없이 온건주의로 치닫고 있어
부숴야 돼

모든 혁명은 피를 부르지
과감하게 찌르고 무너트리며 돌진해야 돼
이제 망가져야 할 때
과감하게 던져 망가지라고
망가지지 않으면
어디에서 희망이 솟구치겠나
하늘이 무너져야 솟아날 구멍이 있는 거야
망가져 과감하게 망가지라고

자전거 도둑

사진 한 장에 제 모습을 남겨놓고 사라졌다. 내가 자전거를 타는 걸 지켜보다가 침을 꼴깍 삼키며 저건 꽤 값이 나가겠는 걸 눈독을 들였을 것이다. 복도에 쇠사슬로 묶여 있는 걸 확인하고 식은 죽 먹기로 쇠사슬을 끊었을 것이다. 습관의 힘이 양심을 밀어내고 눈먼 욕심에 인정사정 볼 것 없었을 것이다. 자식 같은 남의 자전거를 유괴해놓고 눈물 흘리는 자전거 옆에서 짜장면 곱빼기를 시켜 먹었을 것이다. 분통이 터지는 것도 잠시 이제 자전거를 찾을 수 없다는 절망감이 들 때쯤 차츰 도둑이 불쌍해지기 시작했다. 도둑이 참 불쌍하다고 얘기하니까 옆에 있던 일곱 살 된 막내딸이 무슨 말인지 잘 모르겠다는 듯 날 쳐다본다.

팔 년의 세월이 흘렀다. 이제 나이를 먹어 그 자전거도 자주 병에 시달릴 것이다. 얼굴엔 여기저기 저승꽃이 피고 건강하던 두 다리는 골다공증으로 자주 주저앉을 것이다. 십여 년 고된 노동에 만신창이가 됐을 몸뚱어리, 지금은 어느 구석진 담 밑에 몸져누워 있을까. 도둑의 얼굴에도 주름 몇 개 더 늘었을 것이다. 한밤중 별빛 아래 나의 자전거는 이웃 자전거에게 오래전에 있었던 가슴 아픈 사연을 털어놓기도 했을 것이다. 묵묵히 듣고 있던 이웃 자전거도 동무의 옛 주인을 생각하며 눈물을 펑펑 쏟았을 것이다.

지금이라도 찾을 수 있다면 아무런 죗값 묻지 않고 같이 점심이나 한 끼 하겠지만, 나는 멀리 이사를 했고 그 동네엔 어쩌다 한번 들르기나 하는 것이다. 그 동네 옆을 지날 때면 여러 가지 즐거운 추억과 함께 자전거에 대한 기억이 하나 또 여전히 쓸쓸하게 떠오르곤 하는 것이다.

해바라기

저 멀리 꽃 같은 시절
호롱불 앞에서
썼다가는 지우고 다시 썼다가는 지우던
그 첫사랑 애틋한 마음과 같이
네게로 네게로만 달려가
황홀히 꽃 한 송이 피워내고야 말
이 애달고도 간절한 비원은
나를 위해 예비한 조물주의 귀한 선물이거니
아! 다정한 이여
끝내 염원은 염천 하늘에 뜨겁게 달아 피다가
어느 가을날 서늘하니 부는 바람에
빈 들녘 홀로 서서
삭풍에 흔들리며 우는 날 온다손 치더라도
오늘은 내 목숨 뙤약볕 열기 속 뜨겁기만 하나니
내 마음 이제 나도 어쩌지 못하니라
저 빛나는 태양 아래
만물 너울너울 생명의 찬가 다투어 부르듯이
다만 너를 향해 커다란 꽃등인 양 나의 마음 받쳐 들고

긴 여름 뜨거운 들녘

온종일 나는 이렇듯 정념에 불타 있노라

그는 은퇴하면 시인이 될 것이다

반백이 되도록 시인이 되지 못한 그가
은퇴하면 꼭 시인이 되리라고 다짐하고 있다
그가 시인이 되지 못한 것은
밥 먹을 궁리에만 매달려 있었기 때문이다
애들에게 공부하라고 잔소리만 하고 있었기 때문이다
이제 은퇴를 하면
멀리서 지켜보고만 있던 시인을 초대하여
그와 함께 산책도 하고
생선을 구워놓고 소주도 한잔씩 따라 마시며
꼭 시인이 되어서
젊었을 적 꿈 하나를 이루리라고 그는 다짐하고 있다
백발이 휘날리면 시인은 더 빛이 나는 것이다
옛날에는 안에 있는 시인이 늦잠을 자자 하면
그는 안 돼, 안 돼, 출근해야 해 하고
뿌리치고 일어나 바쁘게 출근을 했다
은퇴를 하고 나면
안에 있는 시인이
오늘은 나하고 바다 구경이나 가자 하면

그래, 그래, 좋은 생각이지 하고 따라나설 것이다
빨리 시인이 되어야 할 텐데
은퇴는 멀고 안에 있는 시인은 자꾸 꾀어내고

가을은 길다

추수하는 농부 갈걷이 끝낼 때까지

만선의 깃발 항구에 닿을 때까지

산골짜기 도토리 다 익을 때까지

다람쥐 갈무리 마칠 때까지

멍석 위에 고추 마를 때까지

할머니 이마 땀방울 식을 때까지

들녘에 꽃씨 다 여물 때까지

오가는 철새 먼 여행 마칠 때까지

제4부

해와 달보다도 먼 곳

해와 달보다도 먼 곳

천만리 먼 더운 나라의 조그만 창문 옆에 앉아 생일의 아침을 맞고 있습니다. 기차를 타고 비행기를 타고 언어도 풍습도 다른 곳으로 달려왔는데 해와 달보다도 멀리 계신 어머니가 어떻게 이곳을 아시기나 할까요. 나는 어머니의 뱃속에서 오랜 옛날 아주 작은 씨앗으로 맺히었지요. 그 조그만 씨앗의 어린 새싹을 남겨두고 미운 아기 젖 안 주고 밀어내듯이 경전 속의 전설보다도 먼 나라로 어머니는 떠나시었습니다. 그 까만 씨앗의 봄의 텃밭에 작은 싹을 처음 틔운 날이 나의 생일입니다. 그 어린 새싹과 그날의 봄볕을 어머니는 다 기억하고 계십니다. 어머니의 기쁨인 그날이 오늘인데 어머니는 해와 달보다도 먼 곳에 계십니다. 저녁 무렵 지친 몸으로 돌아와 낯선 나라의 창문 곁으로 다가앉으니 어머니는 저녁 잔광으로 나를 찾아오셨습니다. 나의 방을 둘러보시고 아들의 얼굴을 바라보시고는 부엌으로 가 생일상을 들고 오셨지요. 생일상을 물리고 나니 어머니는 떠나시었습니다. 고요한 밤의 이불을 내 곁에 놓아두시고 저녁 잔광과 함께 해와 달보다도 먼 곳으로 어머니는 다시 떠나시었습니다.

매미주(酒)

월출산 남쪽 자락 L시인의 고향에 내려가
물이 흐르는 계곡 평상에 앉아 술을 먹는데
매미 한 마리 툭, 술잔 속으로 떨어진다
참 신나는 일을 자축하기로 하고
우리는 술잔을 돌려 매미주를 따라 마셨다

사랑도 노래도 다 끝내고 세상을 하직하면서
시인의 술잔에 떨어져 생을 마감하는 매미
고달픈 삶을 살면서 매미도 저 자연 속 시인이었을까
시인들과 술 한 잔 같이하고 싶었을까

익선관 하나씩 씌워주고 싶었는지도 몰라
한 순배 술잔이 도니 금세 벼슬아치라도 된 듯
L시인의 목소리가 낭랑해지고
B시인의 목소리도 점점 활기를 띠기 시작했는데

그때 그 계곡물 참 맑고 시원했는데
다시 그 계곡물에 발을 담그고 술잔 기울이고 싶었는데

가뭇없이 시절은 지나가고 여름은
다시 와 새벽부터 매미 울음 쏟아내는데

L시인의 유택에도 여름은 오고
중풍으로 쓰러진 B시인의 뜰에도 녹음은 우거졌는데
매미주를 먹던 날이 엊그제의 일만 같은데

귀향

내 생의 목록들은 이제 얼마나 남았을까
사소한 것에서부터 여행은 끝나가고 있다
치약과 세탁비누 조각의 부피를 가늠하고
지불한 밥값의 날짜를 셈하며 귀향은 목전에 왔다
하루 치의 일기를 쓰며 남은 여정을 확인한다
예산의 잔고는 몸매만큼 홀쭉해지고
읽지 못한 몇 권의 책과
소화 못한 몇 개 스케줄을 삭제하고
널브러진 개들의 낮잠과
배회하는 신들의 무수한 보행을 뒤로한 채
가을 나무 낙엽 떨어내듯 주섬주섬 이륙을 챙기고 있다
만나고 헤어짐의 끝없는 반복
윤회의 바퀴는 다시 구르고
낯선 말들의 끝 모를 행렬을 뒤로한 채
나는 다시 오래 익숙한 일상으로 돌아갈 것이다
인정은 번지기 쉬운 물감 같은 것
질긴 인연의 사슬은 나이테처럼 나를 옭아매고
따끔한 바늘에 찔린 듯 통증을 견디며

모든 아쉬움을 챙겨 차곡차곡 배낭에 넣고 있다
몇 개의 계절이 지나야
통증은 또 무르익어 떨어질 것인가

난디니

난디니가 학교를 다녔는지 물어볼 수가 없다
벵골어가 능숙한 유학생에게 겨우 나이를 물어봤을 뿐이다
브라더와 시스터, 땡큐를 알아듣는 난디니는 루띠 가게 막내
딸
샨티니케탄 우체국 옆 작은 골목엔
과일가게와 자전거포, 그리고 난디니네 루띠 가게가 있다
대나무로 숭숭 엮어 지은 가게 안으로
지나가던 소가 불쑥 머리를 들이밀기도 하는
한 시인은 그 아이를 일곱 살 때 보았다고 했다
열네 살이 된 지금까지 짜이와 루띠를 팔며 잔뼈가 굵은,
이곳에선 염소와 오리, 개와 소까지도 저절로 자란다
코를 뚫거나 고삐를 매어 끌고 다니지 않는다
소를 방해하는 건 나무를 심고 씌워놓은 철망
개의 낮잠을 방해하는 건 무수한 보행과 경적뿐이다
난디니도 그렇게 자랐을 것이다
루띠를 담아 나르며 짜이 잔을 부시며
열아홉 살 언니의 어린 두 남매에게 빽 소리를 지르며
손님들 얘기 어깨 넘어 들으며 세상 물정 익혔을 것이다

몇 살까지 맨발이었을까, 샌들 밖으로 삐져나온 발가락이 나무 등걸 같다

난디니의 미래와 나의 귀국과는 아무런 상관이 없다

내가 건넨 작은 선물에 환하게 웃으며 눈빛 반짝일 뿐

웨스트벵골 산티니케탄엔 열네 살 소녀 하나 살고 있다

언니들과 오빠, 억세고 부지런한 어머니와 함께

스스로 목숨 끊은 아버지의 기억을 세월에 삭히며

오래, 아주 오래 맛 좋은 루띠 가게 막내딸이기를

다우리를 요구하지 않는 남자 만나

언니처럼 예쁜 아이들의 엄마 되기를 바랄 뿐

입을 다물라고 해도 난디니는 웃는다, 내가 치이이즈 하지도 않았는데

카메라 앞에선 웃어야 한다는 걸 언제 배웠을까

타골 시인의 옛집 옆에 들꽃 같은 소녀 하나 짜이를 팔고 있다

보편적 언어

아이들 뛰어노는 망고나무 숲에 앉아
예수의 첫 번째 기적 이야기를 읽고 있는데
중병아리 같은 녀석들 둘이 다가왔다
머뭇거리며 싱글거리며 장난기와 불량기가
반반 섞인 몸짓으로 알아들을 수 없는 말로
지껄인다 알아들을 수 있는 건
원 헌드레드 루피와 원 싸우전드 루피
원 헌드레드 루피는 점심값이 없다는 얘기 같고
원 싸우전드 루피는 여자가 있다는 얘기 같았다
녀석들 손가락이 그걸 말하고 있었다
성스럽게 생각되던 산티니케탄* 어딘가에도
범죄와 부조리와 사악은 있겠지만
설마, 하는 마음에 헛기침이 나왔다
광야에서 단식하는 사람의 아들에게
부귀와 영화를 약속하는 마귀처럼 나타난 녀석들
갑작스러운 상황이 낯설어 자리를 피해 한참을
가다가 돌아보니 나무 밑 그 자리에
닭 쫓던 개처럼 우두커니 나를 바라보고 있다

남루가 온몸에 흐르던, 어쩌면 배가 고파서
부자 나라 사람 같아서, 단지 그래서
다가왔을지도 모르는데 친하고 싶다는 표현이 겨우
그 시늉이었는지도 모르는데 그냥
보편적인 언어로 다가온 것일 수도 있는데

---

*산티니케탄: 인도 동북부 서벵골 주의 도시로 '평화의 마을'이란 뜻을 가졌다. 동양 최초의 노벨문학 수상자인 R. 타고르가 세운 대학도시로 타고르는 이곳에 머물며 교육 사업을 펼치고 많은 작품을 집필하였다. 필자는 2012년 2월부터 4월까지 70여 일간 이곳에 머물렀었다.

파이브 루피

인도 콜카타 마더하우스 정문 앞
여러 명의 여인들이 진을 치고 있었다
예닐곱 살 아이들도 섞여 있었다
내가 골목으로 들어서면 우르르 몰려와 너도나도 손을 벌렸다
가엾은 생각에 오 루피씩을 주었다

이게 화근이었을까
아침이고 저녁이고
내가 보이기만 하면 그들은 필사적이다
그중에서도 갓난쟁이 하나를 허리에 두른 여자는
십 미터 이십 미터는 예사
길 건너 보도까지 쫓아오며 파이브 루피를 외치는 것이다

그래 한두 번 더 쥐어주기도 했다
뒤에서 뜯어가는 자가 따로 있으니
절대로 주지 말라던
일정을 안내하는 사람의 당부를 내가 간과한 탓인가

>

저 피죽 한번 먹지 못한 것 같은 여인과
그 허리춤에 매달린 눈물도 다 말라 더는 나올 것 같지 않은
저 어린것의 뒤에서 그 동냥한 걸 뜯어가는 자가 또 있다니
이튿날 기를 쓰고 달려드는 그 여인을
애써 뿌리치며 나는 참 참담했다

일곱 살

장독대로 부엌으로 우물가로
부리나케 뛰어다니던 큰누나가
병아리를 밟아 놀란 병아리는 죽었다

큰누나가 미웠다
죽은 병아리를 장사지내며
큰누나 신발이 미웠다
나는 울음을 터트려 복수했다

한쪽 눈이 먼 큰누나
나를 업어 키운 큰누나
엄마보다 더 늙은 큰누나는
어느새 머리가 하얀 할머니가 되었다

개나리

어려서 엄마 잃고 옷소매에 코를 묻히며
오줌을 쌌다고 구박을 받던 아이
아버지를 송두리째 빼앗기고
눈칫밥을 먹으며
머리에 부스럼이 덕지덕지 났던 아이
구박을 받으면서도 눈칫밥을 먹으면서도
성공해서 효도해야 한다며
괜찮아 효도하지 않아도 돼
들은 체도 안 하고 방바닥에 엎드려 공부하던 아이
토끼 몇 마리가 전 재산이었던 아이
먼 동화의 나라를 꿈꾸는 것처럼
온종일 새를 쫓아다니던 아이
어디서 직장 얻어 잘 다니고 있는지
여자 하나 만나 가정은 꾸리고 사는지
봄볕 내리쬐고 다시 개나리는 피는데

시간에 대하여

다만 꽃이 피었다가 사람들을 울려놓고 지는 것이다. 올챙이가 자라 개구리가 되고 도굴꾼이 왕릉을 도굴하듯 술꾼들이 개구리를 잡아다가 술안주로 먹는 것이다. 시간이 나를 데리고 꽃잎을 띄우고 흘러가는 시냇물처럼 흘러가는 것이 아니라 멈춰있는 시간을 가로질러 세상이 봄이 되었다가 가을이 되었다가 다시 봄이 되는 것이다. 움직이는 것은 시간이 아니라 움직이는 것은 참새고 나팔꽃이고 초승달이다. 가만히 있는 너를 시간이 한 발짝씩 죽음을 향하여 데리고 가는 것이 아니라 꽃이 피건 새가 울건 시간은 아무런 내색을 하지 않고 다만 네가 시간 속을 헤엄쳐 그윽한 내일을 향하여 가고 있다. 시간이 기차처럼 너를 태워 데리고 갈 때를 기다려야 하는 게 아니라 네가 물갈퀴처럼 지느러미처럼 헤엄쳐 비단잉어처럼 꿀벌처럼 물총새처럼 시간의 집터 위에 집을 지어야 한다. 네 손발이 삿대가 되고 네 머리와 가슴이 돛대가 되어 푸른 하늘 은하수를 노 저어 가야 한다. 우주 속을 유영하는 행성처럼 너는 시간 속을 한 마리 황조롱이처럼 날아올라야 한다. 어제부터 터지기 시작한 산수유도 개나리도 저희 날개로 훨훨 날아 저희 집을 짓기 위해 예쁜 꽃을 피우고 있다. 시간이 너를 구름열차에 태우고 고대광

실로 가는 것이 아니라 네가 시간 속을 뚜벅뚜벅 가로질러 꽃도 되고 나비도 되는 것이다.

나도 난해시를 쓴 적 있다

전대미문의 신 이론을 담아놓은 것도 아니고
기적의 생수가 분출하는 보물지도 해독법을 제시한 것도 아닌데
독자들이 어리둥절하다가 돌아설 그런 시를 쓴 적 있다
어젯밤에 술 먹고 만취했던 비밀을 시적으로 변용하여
현대시의 전범처럼 진열해놓은 적 있다

객관적으로 바라보아 소통의 통로가 막혀버린 걸 확인하고서야 비로소 퇴고를 하고 잠자리에 든 적 있다
독자에게 비밀의 문을 열어주면 대열에서 낙오할까봐
절대적으로 불통의 시를 써야겠다고 마음먹은 적 있다

어떤 독자가 내 시를 감명 깊게 읽었다고 하는 바람에
비로소 만방에 통하는 불통을 즐겁게 바라본 적 있다
쓴 사람 자신도 알 수 없는 시를 나도 쓴 적 있다
독자에게 다가가기보다 차라리 시를 포기하겠다고 마음먹은 적 있다

어느 허기진 날 시 한 접시를 앞에 놓고 허겁지겁 먹다가 혓바닥을 덴 적 있다
시집의 해설을 읽다가 한통속이군 책을 덮은 적 있다
시를 왜 이해하려고 하느냐 그냥 사랑하면 된다고 하는 말 들어본 적 있다
난해시를 읽지 못하는 내가 난해시를 쓴 것이 위선임을 알고 다시는 난해시를 쓰지 않겠다고 다짐한 적 있다

세상에 풍미하는 그 많은 난해시를 비켜가며 내가 여전히 시인을 꿈꾸는 것은 살얼음판을 걷는 것과 마찬가지다
천만다행으로 시인이 되어도 나는 반쪽짜리 시인밖에 되지 못할 것이다

만 원짜리 문예지를 사서 천 원어치 재미도 얻지 못하면서
내가 왜 시인이 되려고 했는지 후회해본 적 있다
반백이 되도록 시인이 되지 못할 거면서
왜 열여섯에 시인이 되겠다고 다짐을 하였는지 반성해본 적 있다

시간의 빛깔

나무마다 제 빛깔로 물들고 있다
밤나무는 밤나무의 빛깔로
떡갈나무는 떡갈나무의 빛깔로

젊어선 나의 빛깔도 온통 푸른빛이었을까
목련꽃 같던 첫사랑도
삼십여 년 몸 담아온 일터도
온통 꽃과 매미와 누룽지만 같던 고향마을도
모두 제 빛깔로 물들고 있다

늙는다는 건 제 빛깔로 익어가는 것

장미꽃 같던 정열도 갈빛으로 물들고
농부는 흙의 빛깔로
시인은 시인의 빛깔로 익어가는 아침

사랑과 미움, 만남과 헤어짐
달콤한 유혹과 쓰디쓴 배반까지도

초등학교 친구들의 보리싹 같던 사투리도
입동 무렵의 빛깔로 물들어 가고 있다

새는 살아있다

새는 살아있다
어릴 적 나는 밤낮없이 새를 쫓아다녔다
새를 찾아 나무를 올려다보고 풀밭을 누볐다
그 열정은 내 마음 한 구석에 고스란히 살아있다
새는 나의 친구였다
오래도록 나의 애인이었다
무료한 영혼에 푸른 생기를 불어넣던 신앙이었다
내 손에 잡히지 않던 새
수없이 잡으려다가 실패했다
집을 지어 새끼를 먹여 살리던 새
하늘과 땅의 중간 지점에 제왕처럼 사는 새
나는 새에게 한 마리 위험한 짐승이었지만
새는 내게 불멸의 혼이고 황홀한 꿈이었다
새는 개성이 살아있다
새마다 날갯짓이 다르다
제 각각 고유한 음색으로 노래를 부른다
세심하게 집터를 골라 기하학적으로 집을 짓는다
육아의 전문가이며 용감한 병사

성실한 지아비이며 충실한 지어미
신뢰와 사랑으로 가정을 꾸려
때가 되면 훌륭하게 자녀들을 독립시켜 내놓는다
언제나 사람보다 높은 곳에 사는 새
사람보다 먼저 아침을 만나고 먼저 봄을 맞이한다
사람보다 나무와 더 가깝게 지내는 새
새를 사랑하는 마음은 별을 사랑하는 마음
나는 새를 사랑하는 법을 모른다
그때 그 새들이 내 마음속에 모두 살아있다
나의 일생은 새를 찾아다니는 긴 여정이다
나는 가끔 눈을 감고 먼 곳을 바라본다
새에게 용서를 빌고 싶은 마음 때문이다
새는 한 번도 내게 몸을 맡기지 않았다
한 번도 나의 손길에 길들여지지 않았다
새가 그렇듯이 시도 연애도 길들여지지 않는다
한 번도 내게 몸을 맡긴 적 없는 꿈과 시가 새를 닮았다

귀갓길

한가한 봄날 오후
버스 한 대가 느릿느릿 저만치서 온다
나를 태우려고 버스는 멈추고
다시 버스는 털털거리며 간다
천 원으로 누리는 호사
창밖으로 보이는 연둣빛 신록
버스에서 내려 허름한 중국집으로 들어간다
주인은 반갑게 인사를 하고
물잔에 냉수를 따라다 앞에 놓는다
배달되어 나오는 한 그릇의 우동
나는 시장기를 면하고
가벼운 인사를 주고받으며 문을 나선다
쏟아지는 오월의 햇살 속으로
감미로운 선율로 흐르는 라일락 향기
머릿속으로 한 생각이 스쳐간다
가난에서 풍요를 찾아내는 사람들
풍요에서 가난에 허덕이는 사람들
거리는 온통 푸른 오월이다

하얀 봄

입춘도 엊그제 지나고
가겟집 유리창엔 어린 봄의 웃음소리

완행버스를 타고 가 몇 조각
남아 있을 고향 햇볕이나 쬐고 올까

바다가 보이는 들녘으로 가
옛날의 오솔길 한동안 걷다 올까

솔개 날갯짓에 봄이 실려 왔는데
토끼풀 망태 속에 봄이 담겨 왔는데

봄은 이제 소래포구 갯고랑
오리 물질에 떠다니네
폐선의 깃발에 하얀 봄이 나부끼네

걸어 다니는 새

사람들 분주하게 오가는 공원 한 모퉁이
참새가 통통 뛰며 모이를 쫀다
비둘기가 옆에서 아장아장 걸으며 모이를 찾는다

통통 뛰는 새와 아장아장 걷는 새
어떤 새가 더 예쁘다던가
어떤 새가 더 촌스러운 새인지를 말하려는 게 아니다
그냥 그렇다는 것이다
참새와 비둘기가 같이 모이를 쪼는데
언뜻 보니 참새는 통통 뛰고 비둘기는 아장아장 걷더라는 것
이다

걸음걸이가 좀 다르면 어떠냐
깃털의 빛깔이 좀 다르면 어떠냐
고양이가 다가오면 깜짝 놀라
참새는 울타리로 비둘기는 지붕으로 날아올랐다가
다시 내려와 같이 모이를 쫀다는 것뿐

날아오를 수 있다는 건 축복이다
세상이 변해도 때까치처럼
세상을 등지지는 말아야 할 텐데
기아에 허덕이는 모습을 보이거나
사람들 눈 밖에 나지는 말아야 할 텐데

땅으로 내려와 걷는 배고픈 새들이
깜짝 놀라 달아나게 해서는 안 된다
신록으로 눈부신 공원에
참새와 비둘기가 나란히 모이를 쪼고 있다

짜장면 연애

짜장면을 같이 먹고 싶던 여자가
미소를 지으며 건달처럼 생긴 남자와 걷던 캠퍼스에
참 오랜만에 찾아왔네

내가 먼저 점찍어 놨는데
어떻게 인상도 고약한 남자아이와 늘 붙어 다니는지
어쨌거나 나는 그 여자를 좋아했고
한번만 같이 자장면을 먹고 싶다는 생각을 했다

그녀의 엄마가 소아마비를 앓았다는 것을 알게 되었고
그녀 아버지가 재혼을 했다는 것도 알게 되었고
절뚝거리는 엄마를 숨기고 싶었을까 엉뚱한
생각을 하기도 하면서 짜장면을 같이 먹고 싶었다

나는 새파란 총각이었고
너는 앉을 듯 말 듯 날아간 한 마리 새였고
네가 날아간 하늘을 나는 오래 바라보았었다

오랜만에 너를 사랑하여 앉았던 벤치에 다시 앉아
옛날의 하늘을 올려다보고 있는데
주차장엔 옛날보다 더 많은 차들이 드나들고
저 아이들이 내 후배들인가 오가는 학생들을 바라보며 생각해보지만

알바를 못 구해 종종거리는 아이들 발걸음만 빠르고
저 아이들 중에 짜장면을 같이 먹고 싶은 아이를
가슴속에 몰래 품고 다니는 아이가 혹 있을지 몰라

어느덧 네 발길 오가던 사거리까지 왔구나
옛날의 신호등 저만치서 깜빡이고
내가 잃어버린 것이 비단 너 하나뿐이겠는가
자동차는 다시 오가고 신호등은 빨간불이고

위험한 동거

인도 산티니케탄 하숙방에서
윙윙거리는 모기 한 마리를 손바닥으로 냅다 쳤는데
모기의 등짝에 맞았나보다
기겁을 하고 황급히 달아나던 모기

서울의 한여름 밤
모기 한 마리가 윙윙거리며 내 방을 정탐하고 있다
가지고 있던 부채로 냅다 쳤는데
토네이도에 지붕 날아가듯
나뒹굴며 천장으로 치솟는 모기

부채바람이 멎은 지 한참이 되었어도
아직도 제정신이 아닌 듯
천장 구석구석을 종종거리고 있다

위험한 동거를 하고 있는 모기
사람 말고 다른 비상식량이라도 비축은 해놓았는지

제5부

새의 장례식

저무는 들판에서

어둠에 잠기는 늦가을 풍경
아름답던 단풍도 긴 오솔길도
호숫가에 여장을 푸는 겨울 철새도
제 몸짓으로 어둠에 잠기고 있다

나부끼는 마른 풀잎 저무는 들판
들짐승의 휴식과
고단한 철새의 단잠을 위해
거닐던 들판 내어주고
돌아가야지, 잠드는 들녘 별빛 속에 남겨두고서

서쪽 하늘엔 어제 보던 별
먼 마을 불빛에 고향집 생각
돌아가야지 따뜻했던 기억 속으로
오래 못 뵌 어머니의 아랫목으로

새의 장례식

지난밤 강추위에 새는 죽었다. 오일장으로 장례를 치르기로 하고 매장을 할까 화장을 할까 궁리하다가 양지바른 풀밭에 풍장을 치르기로 했다. 시신을 염습하고 입관을 마친 후 장지로 향했다. 시절도 모르고 비명횡사한 초록빛 앵무. 잎들은 돋아나기 시작하고 봄볕 환한 풀밭으로 바람이 불고 있었다. 영구차를 몰아 장지에 도착, 사잣밥을 뿌리고 마른 풀섶에 시신을 눕혔다. 먼 데서 구름이 만장처럼 펄럭이고 참새 몇 마리 조문을 다녀간 후 장례식은 끝났다. 새는 죽었지만 그 비상은 죽지 않았다. 삼우제에 갔을 때 새는 온데간데없고 비에 젖은 물체가 바람에 마르고 있었다.

아버지의 잠바

이승의 삶을 정리하는 망백의 아버지
겨울 잠바를 내게 주었다
멋을 내며 입고 다녔을 검정색 잠바
추운 어깨에 함박눈이 쌓이고
국밥집 난로 옆에서 불을 쬐기도 했을,
단추가 잘못 끼어진 잠바를 입고
삐뚜름한 궤적을 그리며 살아온 일생
편안하게 우주의 중심에 잠 이루지 못하고
길 잃은 철새처럼
객지를 떠돌며 뒤척였을 한뎃잠
따뜻하게 겨울을 나라고
반듯하게 단추를 끼고 세상을 살라고
당신이 입던 잠바를 회한처럼 건넨 아버지
자꾸 마음이 시려오는 초겨울
유행 지난 아버지의 겨울 잠바를 입고
지난했던 한 생애의 궤적을 잠시 따라가 본다

한 노인

내게도 애비가 있어 종아리를 치고 못된 버르장머리를 몽둥이로 잡았을지라도 그런 애비가 곁에 있었더라면 나의 정원에도 꽃이 피고 벌 나비도 날아들었을 텐데

장지문 구멍으로 세상을 보며 살구꽃이 피는지 보리이삭이 패는지 분간 못하고 우유부단한 세월을 살아온 노인, 무엇이 저 노인의 시야에서 나를 지웠을까 멀쩡한 노인의 두 눈에 내가 왜 풀 한 포기 나지 않는 사막으로 보였을까

지난밤 기이한 꿈에 잠을 깼네 비옥한 문전옥답을 바라보듯 멀리서 나를 바라보던 한 노인 천국의 환한 동산을 보듯 물끄러미 나를 바라보던 백발의 노인 꽃밭같이 환한 세상을 하염없이 바라보던 낯익은 노인

정류장 풍경

마을버스가 지나가는 정류장 의자에
전깃줄에 참새들처럼
날개를 접고 앉아 있는 할머니들
바람이 불 때마다 깃털을 날리며
한 곳을 바라보는 참새들처럼
버스가 섰다가 떠날 때마다
출입문 쪽을 일제히 바라보며 앉아 있네

틀니를 빼놓고 나와 앉아 있는
합죽이 할머니도 있네
날개를 다친 참새처럼
할머니 하나는 지팡이를 짚고 앉아 있네

할아버지 하나가 조금 떨어진 곳에
강남에서 온 제비처럼 앉아 있네

노인과 땡감

백발노인이 지팡이를 짚고
절룩절룩 가고
나는 저만치 떨어져 터덜터덜
노인의 뒤를 걷고 있다
갑자기 노인이
반듯하게 몸을 세우더니
지팡이를 높이 들어 힘껏 내리친다
무엇인가 박살이 나면서 날아간다

가까이 가서 보니
여기저기 떨어져 있는 땡감
나도 왕년에 골프깨나 쳤다고
마음은 지금도 청춘이라고

노인은 다시
절룩절룩 앞서서 가고
나는 터덜터덜 노인의 뒤를 따라 걸었다
초가을 바람이

나를 앞지르고 노인을 앞질러
저만치 내달리고 있었다

보름달

초등학교 동창 모임에 가서 따끈따끈한 신작 시집을 나누어 주었다. 금의환향을 나누어준 것이 아니고 치열했던 산전수전과 그 패전의 기록을 선물한 것이다. 평생을 순박하게 농사짓는 친구들에게 늘그막에 시집이 무슨 소용이 있겠느냐만 심심할 때 한번 읽어보라고 기부금처럼 내놓은 것이다. 뜻밖에 동창생의 시집을 쥐게 된 친구들은 반장과 시집의 상관관계를 따져보며 고개를 갸우뚱하기도 했다. 피사리를 하듯 시가 자라난 마음밭을 살피며 옛날에 괜히 반장으로 뽑아줬다고 후회하는 것도 같았다. 반장도 별거 아니네 하고 팽개치는 것 같았다. 시의원이라도 되지 못하고 기껏 시인이나 되었다는 걸 나는 사과하고 싶었고 친구들은 용서한다는 듯 너그럽게 술을 권했다. 주거니 받거니 술잔이 오가고 얼굴에 철판이 깔리기 시작하면서 사과도 용서도 다 없어지고 술판만 남긴 했지만, 그날, 얼큰하게 술에 취해 돌아오면서 친구들이 나를 고향 밖으로 쫓아내지나 않을지 자꾸 내가 고향에 굴러들어온 돌 같다는 생각을 했다. 그렇지 않다는 걸 보여주기 위해서 나도 백석처럼 좋은 시를 써야겠다고 다짐하며 풀섶에 오줌을 누고 있는데 그때, 환한 보름달이 빙그레 날 내려다보고 있었다.

바람 모서리

열여섯 살 무렵 한 소녀에게 밤을 새워 편지를 썼다. 장차 남편감으로 저울질을 해보다가 마음에 차지 않아 그녀는 답장을 그만 포기했을 것이다. 그 일로 여자란 답장을 해주지 않는다는 믿음을 나는 갖게 되었고 그때 씨앗 하나를 그녀의 텃밭에 떨어트리고 돌아섰던 것인데 만약에 시의 씨앗이 아니라 다른 씨앗을 떨어트렸다면 내 인생은 달라졌을 것이다. 자기의 텃밭에 시가 싹터 자라는 줄도 모르고 그녀는 시야에서 사라져 종적을 감추었다. 그녀가 답장을 해줬더라면 돌밭에 떨어진 씨앗처럼 나의 시는 금세 시들어버렸을 것이다. 부친께서 객지에 나가 딴살림을 차린 것과 내 편지에 그녀가 답장을 하지 않았다는 사실에 어떤 상관관계가 있는지는 모르겠으나 대체로 그런 바람 모서리를 돌며 내가 자랐고 내 시가 싹 텄다는 걸 이제 부인할 수도 없다.

알츠하이머

제일 친한 친구 제대할 때
제일 먼저 달려가 악수하고 술을 마셨네.
제일 친한 친구 죽으면
제일 친한 친구는 세상에 없네.
제일 친한 친구가 나를 알아보지 못하네.
이제 어디 가서 제일 친한 친구와 점심을 먹나.
이 늘그막에 어디 가서
제일 친한 친구를 새로 만나나.
인천대공원에 가도 제일 친한 친구는 없고
소래포구 어시장엘 가도 제일 친한 친구는 없고
제일 친한 친구 없으니
나는 제일 친한 친구도 없는 사람.
제일 친한 친구 없는 무더운 여름
해물 안주 한 접시로 혼자 소주를 먹네.

갯고랑

호수가 얼어
오리들은 갯고랑으로 피난 왔다.
피난살이 하면서도 싸움질이다.

나도 갯고랑으로 피난 왔었다.
해 저무는 물가에 혼자 앉아서
마른 풀잎을 물에 던지며 피난살이를 했다.

오리와 햇볕이 노는 갯고랑에
노루 한 마리
우두커니 서 있다간 가고
봄은 멀어 갈대밭 하염없이 희다.

군자란

공업학교에서 담임을 맡고 있을 무렵 겨울방학을 맞아 빈 교실을 둘러보고 있을 때 작은 화분 하나가 창가에서 떨고 있었다. 혹한에 얼어 죽지나 않을까, 화분은 그날 우리 집으로 왔다. 다섯 번 이사를 다니면서도 이삿짐 한 모퉁이에 화분은 실렸다. 해마다 이월이면 꽃대를 밀어 올리는 봄의 전령사, 정년퇴직을 한 지도 여러 해 지금도 화분은 우리 집 베란다에 놓여 있다. 삶의 여정을 함께하면서 춥고 배고팠던 그해 겨울을 기억이라도 하는 걸까. 군자란은 올봄에도 환하게 꽃을 피웠다.

찔레꽃

동무들이 나고 자란 고향은
동무들이 떠나고 돌아오지 않아
논두렁 밭두렁에 꽃들만 지천이다

푸른 산을 병풍처럼 둘러 세우고
온갖 꽃으로 치장하고 동무들을 키웠는데
소식도 없는 동무 생각에 들녘에 봄볕이 호젓하다

할아버지 고향은 서쪽 바닷가
할아버지는 할아버지의 고향을 떠나
산새처럼 외로운 나의 고향을 만들었다

옛날얘기처럼 잊히고야 말 나의 고향
멀리 떠나 늙어가는 동무들이 안쓰러워
찔레꽃 하얗게 피워놓고 고향은 짙푸르다

그의 노래

늘 있던 그 자리에
그의 약속이 있는 줄 알았다
바람이 불고 눈비가 내려도
가뭄이 들고 홍수가 나도
늘 그 자리에 그의 맹세가 있는 줄 알았다
천년만년 세월이 흘러도
해가 뜨고 달이 밝은 그 자리에
그의 언어가 옛날의 빛깔로 있을 줄 알았다
푸르렀던 그의 사상이 멀리 떠나가지 않고
푸른 산을 배경으로 거기 그대로 있을 줄 알았다
오랜 장마에도 끄떡없던 그의 노래
강풍이 몰아치고 흙먼지 날려도
언제나 들녘을 가로질러 들려올 줄 알았다
창가에 앉아 옛날의 노래를 부른다
검은 구름이 하늘을 덮고
온 세상이 어둠에 잠길 때에도
산을 넘고 강을 건너
그의 노래 언제나 들려올 줄 알았다

나쁜 가게

인도 카주라호 지방을 여행하다가
한 인도 아이를 만났어요
그는 우리를 나쁜 가게로 이끌었어요
저기 나쁜 가게 있어요
우리 나쁜 가게로 가요, 빨리 가요
바가지를 씌우는 가게를 골탕 먹이려고
누군가 그 아이에게 한국말을 가르쳐줬나 봐요
우리는 그 아이를 피해서
다른 가게로 갔어요
나쁜 가게로 가자며 자꾸 졸라댔지만
아무도 그를 따라가지 않았어요
바가지를 씌우다가 큰코다친
카주라호의 나쁜 가게
좋은 가게라고 가르쳐주고 싶었지만
가르쳐주지 않았어요
마음이 아팠지만 가르쳐주지 않았어요

그런가, 정말 그런가

정말 그런가, 열매 하나로 영글게 하기 위해
개나리꽃을 피워 울타리 환히 밝히고
거머리 떼에 종아리 온통 물리며
장대 같은 빗속에서 수렁배미 모내기 마치게 하고
아버지를 객지에 던져놓고 후레자식의 수모를 견디게 한 건가
밤을 지새운 붉은 연애편지에
단 한 번의 답장 걸려들지 않은 것도 그래 그런가
그때 놓친 새 새끼들은 아직도 기별이 없고
사립문 옆 꽃밭에 피던 꽃들은 지금도 환히 대낮처럼 피어 있는데
옛일들 생각하며 눈시울 붉어져 이 가을도 우두커니 들녘 바라보는데
정말 그런가, 평생 너를 놓지 못하게 하려고
호루라기를 휙 불어 내게 옐로카드를 내보인 건가
나를 위해 백방으로 궁리하는 당신이
시궁창에 빠트려도 보고 병실에서 생사를 오가게도 하고
상심의 바다에 허우적거리게도 한 건가

잎사귀란 잎사귀 풀잎이란 풀잎 모두 떨어지고
살을 에는 혹한의 계절이 지난 후
가장 선명한 새싹 하나로 움틔우기 위해
그믐달빛 희미하게 창문에 걸리게 한 건가
밀려드는 밀물에 황급해진 오리 떼 바라보며
갯고랑 옆 텅 빈 들판에 바람을 깔고 앉아 마른 풀잎에 시를 쓰면서
그래 정말, 당신은 포도나무 나는 가지인가
그 나무에 내가 붙어 있게 하려고 서둘러 작은형을 데려간 건가
갈바람 부는 갯고랑 뚝 거닐며
당신의 선혈 같은 저녁놀 한참 동안 바라보게 한 건가
그런가, 정말 그런가

방치된 슬픔

꽃송이에게도 사과를 해야
바람은 감미롭고 햇빛은 화창하다
산새에게도 오해를 풀어줘야
동산이 평온하고 새소리도 정겹다
산새가 노래를 멈추고
하염없이 꽃이 떨어지면
돌밭을 굴러가는 수레처럼
시간은 덜컹거린다
방치된 슬픔을
하늘에게만 맡겨서는 안 된다
사람이 나서지 않으면
방치된 슬픔으로
세상은 눈물바다가 된다

제6부
온유하면 되는 것이다

별 하나

길을 잃고 그는 낯선 곳에서 헤매고

그에게 이르는 길을 나는 끝내 찾지 못하고

그의 길처럼 나의 길처럼

서로가 찾지 못한 그 길처럼

멀리서 반짝이는 낯익은 별 하나

이웃집 얘기

큰 자식하고
작은 자식이
대를 이어서 싸우고 있다
애비 에미 다 죽었는데도 싸우고 있다

바람을 피운다는 건 그런 것이다
멋모르고 바람을 피우고 나니 그런 일이 생기는 것이다

큰 자식은
지가 잘났다고 큰소리 치고
작은 자식은
지가 더 돈이 많다고 거들먹거리고
큰 자식은
어떻게 빌딩 두 개를 너 혼자 다 갖느냐고 따지고 들고
작은 자식은
벌써 이십팔 년 전에 세금 다 내고 증여받은 것이라며 막무가내다

큰 자식은
체면이 말이 아니라고 투덜거리고
작은 자식은
쌈짓돈 한 푼이라도 새어 나갈까봐 필사적이다

에이, 똥 같은 놈들
배다른 놈들이
옆에서 여간 시끄러운 게 아니다
이웃집 얘기다

부스러기

말의 부스러기를 줍는다
여기저기 낙곡처럼 흩어진 말
송곳처럼 찌르던 말
시퍼렇게 제풀에 멍이 들어 쏟아지던 말
하고 싶은 말 다 못하고 얼버무리다 떨어트린 말
말의 주인이 떠난 후
그 부스러기를 모아 집 한 채 짓는다
따뜻한 방도 한 칸 들이고
바람이 깃들 대청도 하나 만든다
흩어진 말로 기둥을 세우고
얼버무리다 떨어트린 말로 지붕을 얹으며
눈 쌓인 언덕에 겨우내 사원 하나 짓는다

시인도 이런 델 다 오십니까

한 사무실로 지인을 찾아갔는데
시인도 이런 델 다 오십니까 하더란다
나중에 그 인사말이 떠올라
그럼, 하루에 몇 번씩 화장실도 가는데, 했다던가
고인이 된 한 원로시인의 농이었다
밥벌이와 시는 상극이지만
시는 상극에서 태어난다
세상과 어울리면 시가 반발하고
시와 어울리면 세상에게 조롱당하는 이율배반
세상의 한가운데에서 시는 태어난다
가난과 부조리 속에서도
한 그루 꽃나무를 버리진 못한다
시의 밭에서 밥벌이를 하고
밥벌이의 진흙탕 속에서 꽃을 피워낸다

오래된 싸움

참 오래 다투어 왔다
내 안엔 두 마리 동물이 산다
종달새는 푸른 날개로 날아오르고
흑표범은 물어뜯어라 이빨을 드러내고
종달새의 노래가 끝나면 흑표범이 으르렁대고
흑표범의 포효가 끝나면 천상의 노래가 들려온다
나는 종달새를 사랑하고
흑표범을 신뢰한다
종달새가 오랜 세월 노래 부르고
흑표범이 오랜 세월 포효를 해도 세상은 변하지 않는다
원수를 사랑하는 길밖에 이제 없다
영원히 용서하기 위해
영원히 결별하는 것도 사랑의 길이다
대지의 흑표범과 하늘의 종달새
그 충성스러움에 나는 목이 멘다
내 안엔 두 마리 충직한 동물이 산다

일용할 양식

운명하기 전
큰아들이
부친의 의중을 궁금해 하자
구십 노인은 곰곰 생각하다가 도장을 쾅 찍었다

너의 엄마는 조강지처
너의 엄마는 후처
옆에는 이복동생이 앉아 있었다

내가 사생아가 아니라
조강지처 아들임이 입증되는 순간이었다
노인의 길이
먼 옛날로 위태롭게 뻗어 있었다

이젠 걱정 없다
곳간에 양식을 비축했으니까
넉넉한 재산을 물려받았으니까

야생마

나는 나를 불쌍한 사람이라고 생각하지 않지만
사람은 누구나 불쌍한 사람이 될 수도 있는 것이다
시도 때도 없이 날아오는
불쌍한 사람으로 보려는 시선을 나는 물리쳤다
불쌍하지 않은 사람을
함부로 불쌍한 사람으로 보려고 하지 않았는지
나는 반성한다
아버지가 객지에 나가 다른 여자 편만 들으며 살고
평생을 애비 없는 허허벌판에서만 살았으니
너는 불쌍한 놈이 아니냐며 깔보려는 사람이 있어서
까딱하면 나는 불쌍한 놈이 될 뻔했다
야생마처럼 울부짖으며
모든 편견을 깨부수며 광야를 달려왔지만
하늘이 옆에서 내 편을 들어주지 않았으면
나는 벌써 불쌍한 놈이 되고도 남았을 것이다

닿아 있다

고요하고 희미한
먼 불빛에 나는 닿아 있다

방패연과 얼레 목화밭과 가을 햇살
할아버지 할머니의 먼 시공에 나는 닿아 있다

종달새는 새벽안개 속에서 노래하고
식음을 전폐하고 사경을 헤맬 때도
어머니는 기도에 닿아 있었다

많은 것이 나에게 닿았다가 떨어졌지만
한결같이 닿아 있는 것이 있다

산새 둥지 같은 것
수수밭에 내리던 저녁노을 같은 것
처음부터 끝까지 변함없이
나에게 닿아 있는 것이 있다

모르는 사람끼리

온종일 모르는 사람과 산다
낯선 사람과 나란히 버스에 앉아 털털거리고
모르는 사람과 마트에서 토마토를 고른다
초등학교 친구들은 먼 곳에 살고
전방부대 전우는 연락이 끊겼다
함께 연을 날리던 어릴 적 친구나
날고구마 같이 깎아 먹던 이웃사촌은 소식을 모른다
날마다 사람을 만나 같이 점심을 먹고
낯익은 사람처럼 잠시 수다를 떨지만
금세 우리는 모르는 사람이 된다
세탁소 아저씨와 얘기를 주고받고
동네 이발사와 잠시 세상을 욕하다가도
금세 모르는 사람이 된다
의사와 환자로 잠시 아는 사이 되었다가
간호사와 환자로 한 가족처럼 지내다가
퇴원하자마자 금세 모르는 사람이 된다
가까이 지내던 사람도 낯선 사람 되고
술을 먹으며 허물없던 사람도

어느새 모르는 사람이 된다
낯선 세상이 점점 익숙한 세상 되었다가
익숙했던 세상이 다시 낯선 세상 된다

태초의 아버지

세파에 깎여
모서리가 날카로워진 아버지가 아니라
본질로서의
당위로서의
아버지를 생각하며 연미사를 신청한다
갈기갈기 속이 찢어진 아버지가 아니라
태초의 아버지
사명을 부여받고 지상으로 추방된
아담의 후예로서의 아버지를 위하여 제물을 올린다
세파에 찌들어 굽어지고 뒤틀린
고유명사로서의 아버지가 아니라
온전한 모습을 갖춘
보통명사로서의
온 세상에 편재하는 보편으로서의
원초적 부성으로서의
불변으로서의, 우주생성의 근원으로서의
아버지를 생각하며

노제

친구의 품에 안겨
영정사진 하나가 교문으로 들어선다
안경을 끼고 교복을 입었다

무거운 가방을 메고
매일 터벅터벅 등교하던 길
오늘은 친구들과 어울려 마지막 등교하는 날

교장선생님이 따라가고
담임선생님이 시무룩하게 따라가고
늙은 경비원이 경비실에 서서 유리창으로 행렬을 내다보고

한 식경이 지나 행렬이 다시 나가고
학교 울타리엔
검은 상장(喪章)처럼 개나리는 피어 있고

열 개의 섬

열 명의 사람이 떡만둣국을 먹고 있다
똑같은 가격의
똑같은 그릇 똑같은 국물 맛의
같은 요리사가 만들어
같은 종업원이 배달한 떡만둣국을 먹고 있다
열 명의 사람 중엔
눈을 맞으며 온 젊은이도 있고
빨간 가방을 메고 온 아가씨와
야구모자를 살짝 머리에 얹은 아가씨가 마주앉아 있고
처음 연애편지를 써본
눈썹이 새까만 남학생과
연애편지를 아직 써보지 못한 친구가 같이 앉아 있고
첫 휴가 나온 이등병도 둘이 앉아 있고
할머니와 함께 온 손자도 나란히 앉아 있다
열 명의 사람 중엔
서로 아는 사람 모르는 사람
어디서 본 듯한 사람도 있다
밖에는 찬바람이 불고

열 명의 사람이 따끈한 떡만둣국을 먹고 있지만
열 명 모두 열 개의 섬이다
열 개의 바다에 둘러싸인
모양이 다른 열 개의 섬이
호호 불어가며 떡만둣국을 먹고 있다

식어가고 있다

조금씩 식어가고 있다
삼십삼 년 뜨거웠던 것이 식어가고 있다
봄 여름 가을 겨울 지나가면서
교문을 드나들던 아이들 얼굴이 잊어지면서
저녁별이 떠오르고
아침 해가 솟아나면서
삼십삼 년 뜨겁던 것이 미지근해지고 있다
미지근해지는 것 옆에서
다시 뜨거워지는 것이 있다
그 옛날의 것이 아닌 것이 점점 뜨거워지다가
옛날에 뜨거웠던 것과
새로 뜨거워지는 것이
서로 엇비슷하게 뜨거워지다가
마침내 새로 뜨거워지는 것이 더 뜨거워지고 있다
새로 뜨거워지는 것도
결국 다시 미지근하게 될 것이다
미지근해지다가 다시 식을 때까지
뜨거워지는 것은 계속 뜨거워질 것이다

낮아지고 있다

높아지는 빌딩 옆에서
기와집들이 낮아지고 있다
종탑도 십자가도
주민센터도 태극기도 낮아지고 있다
고궁도 납작 엎드려 낮아지는 데 익숙해지고 있다
옹기종기 모여서 장기를 두는 사람들 옆에서
다닥다닥 붙은 간판들 옆에서
빌딩들이 높아지는 데 혈안이 되고 있다
우뚝 솟은 고층아파트 옆에서
뒷동산도 초등학교도 낮아지고 있다
미루나무도 까치집도 낮아지고 있다
낮아지면서 제 높이를 지키려고 안간힘을 쓰고 있다
멱을 감던 웅덩이가
아파트 단지 속에서 물보라를 일으키고 있다
시냇물과 참깨밭
코스모스와 논두렁이 모두 아파트를 바라보고 있다
고향에 오면
사람들은 제일 먼저 고층 아파트를 올려다본다

온유하면 되는 것이다

사람이 죽어도 얼른 죽는 게 아니다
죽지도 않았는데 결박하고 관에 넣어
화장로 속으로 밀어 넣으니 통곡이 나오는 것이다
너무 보고 싶어서
너무 미안해서
죽은 사람을 계속 살려내고 있는 것이다
죽은 언니가 계속 살아있기도 하고
죽은 할아버지와 오래 함께 살기도 하는 것이다
삼우제가 지나고 사십구재가 되어도
일주기가 지나 이주기 삼주기가 되어도
죽지 않는 것이다
죽은 사람 죽지 않고
살아서 올 때는
복사꽃 환한 봄 길처럼 오지만
천사의 나팔소리처럼 평화롭게 오기도 하지만
회오리바람이나
악몽처럼 올 때도 있다
그런 악몽이 다가와 왼쪽 뺨을 때리면

오른쪽 뺨까지 내놓으면 되는 것이다
오래 참고 온유하면 되는 것이다
그러면 고요하고 다시 평온해지는 것이다
회오리바람도 아득한
수평선 너머로 가서 노을빛이 되는 것이다

늙은 여왕이 있는 풍경

지팡이를 짚고 절룩절룩
봄볕을 쬐러 나오는 할머니가 있어
정이월 찬바람에도 골목이 따뜻하다

혼자 텃밭을 가꾸고
아궁이에 군불 지피는 할머니가 있어
시골집엔 여전히 제비가 둥지를 튼다

뽕나무밭이 바다가 되었어도
담장에 호박넝쿨 올리는 할머니가 있어
앞마당엔 봉숭아꽃도 여름내 핀다

호박넝쿨과 제비
텃밭과 봉숭아꽃을 거느린 할머니는
오래된 나라를 다스리는 늙은 여왕이다

제7부

남향집

이제 내가 할 수 있는 것

시인 단체 회원으로 시 한 편 발표하는 것
새와 나무들이 놀라지 않게 산에 올라 사방을 둘러보는 것
담배 끊은 건 참 잘한 것이라고 한시름 놓는 것
술을 끊을 때도 되었다고 과음을 한 다음날 생각해보는 것
소식(小食)을 해야겠다고 생각하며
고추잠자리처럼 참깨밭에 앉았다 싸리나무 끝에 앉았다 하는 것
식구들에게 텔레비전을 내주고
내 방에 들어와 옛날에 좋아했던 시인의 시집을 읽는 것
애비 노릇 하지 못한 걸 이제 겨우 돌아보며
마음은 그게 아니었다고 혼자 핑곗거리를 찾아보는 것

대추 한 알

대문 밖 주춧돌 옆에 대추 한 알
여름내 자라 빨갛게 익은 대추
고양이도 본체만체 지나가고
고양이가 남긴 밥을 나무에서
내려와 허겁지겁 먹는 까치도 본숭만숭 지나가고
떨어진 낙엽을 몰고 가는 바람도 비켜만 가고
이삼일 전부터 혼자 떨어져 있는 대추
저 대추는 높은 대추나무 가지에서
대추나무 잎새와 잎새 사이에서
비와 바람과 별빛과 풀벌레 소리와 함께
여름내 무럭무럭 자라 붉은 대추가 되었다
단단한 대추씨 하나 감추고
낙엽이 굴러가는 길옆에
계절이 지나가는 길목에
아직도 갈 길이 먼 대추 한 알이
한 채의 오막살이처럼 꿈을 꾸고 있다

문과 바람

문을 쿵 하고 닫았더니 문이
다시 쿵 하고 열리네
닫혀 있어야 할 문이 열리고
들어오지 말아야 할 소음과 바람이 들어와
방을 채우네
바깥바람과 소음이 나를 공격하네
예를 갖추어 다시 공손히 문을 닫았네
문은 다시 얌전해지고 바람은
바람끼리 바람의 골목으로 제 길을 가고
방은 방의 고요 방의 공기
방의 생각과 함께
평온해졌네, 오후가 덩달아 평온해졌네

애연가

팔층에서 양복 입은 신사가 엘리베이터를 타고 내려와
단풍나무 밑으로 가 담배 한 개비를 입에 문다
십이층에서 또 양복 입은 신사가 복도를 걸어와 엘리베이터를 타고 내려와
단풍나무 그늘로 가 담배 한 개비에 불을 붙인다
여럿이 모여 담배에 불을 붙이고 연기를 내뿜지만 서로 말이 없다
담배와 담배연기 속에 대화는 다 들어 있다
한 코미디언이 금연 공익광고를 하고 떠난 지도 십칠 년이 되었네
기도와 허파를 한 바퀴 돌고
입과 콧구멍으로 빠져나온 담배연기가 흩어졌지만
혓바닥과 잇몸, 입천장에 냄새는 붙어 있다
혈관과 뇌세포와 신경세포에 발암물질을 뿌려놓고
넥타이와 손가락과 머리카락에도 냄새를 골고루 묻혀놓고
발암물질은 다시 엘리베이터를 채우고 일층 이층 십이층까지 따라 올라간다
고객들 예민한 후각을 모르는 척하는 것도 익숙해졌다

알면 사랑하게 된다는 말을 나는 믿는다
담배의 맛을 모르는 사람이
사무실을 나와 엘리베이터를 타고 내려와
단풍나무 그늘로 가 담배에 불을 붙이는 그 마음을 어떻게 알겠는가
담배와 애연가와 단풍나무의 유대관계는 한동안 더 지속될 전망이다

조감도

하루가 또 하나 둥글게 열리네
갯고랑으로 들어간 하늘이 밀물을 하얗게 열어놓았네
갯고랑을 따라 긴 오솔길
밤은 아직 길 위에 서성이고
부지런한 새벽 산책 둥글둥글 걸어가네
너구리와 족제비가 밤새 건넌 길
두 사람이 걸어가고
두 사람 뒤에 한 사람 한 사람 뒤에 또 두 사람 걷고 있네
한 사람이 재촉하여 두 사람의 앞으로 나아가고
오솔길엔 다시 한 사람 뒤에 두 사람
두 사람 뒤에 또 두 사람 하루를 열고 있네
어스름에 잠긴 새벽
해당화 무리 삼삼오오 산책길 따라 걷고 있네
동쪽 하늘엔 별이 한 개
둥글게 열리는 여명을 바라보며 아디오스 아미고
작별인사를 하고 있네 멀리서
짐 리브스가 아디오스 아미고 별의 노래를 따라 부르네

나목

낙엽이 울긋불긋 저 혼자 낙엽이 된 것은 아니다
햇빛 없이 바람도 없이
여름내 푸르던 잎사귀가
어느 날 저 혼자 붉은 낙엽이 된 것은 아니다
나뭇가지에 파릇파릇 싹이 돋던 일이
꽃을 피우고 열매를 맺는 일이
나무 혼자 해낸 일 아니듯
저 떨어지는 낙엽이 저 홀로
낙엽 되어 울긋불긋 흩날리는 것은 아니다
고양이가 오줌을 지리고 가고
새가 날아와 노래의 흔적을 남기고 가고
이웃 나무의 잎사귀와 함께
햇빛을 쬐고 사이좋게 샘물을 나눠 마시며
낙엽은 낙엽이 되기 전 오래 낙엽의 길을 걸어왔다
일월성신의 운행에 맞추어 꽃과 열매를 키워내고
키운 꽃과 열매를 다시 꽃과 열매의 길로 보내고
이제 잎사귀마저 잎사귀의 길로 보내고 있는 나무
나무는 비로소 조용히 나목으로 있고 싶은 것이다

옛날의 나

옛날의 나
전깃불도 없이 가난한 아이들끼리
몰려다니던 시골 아이
지금은 만날 수 없는 동무들과 연을 날리고
검정고무신에 책 보따리를 허리에 매고
사라져 없어진 논둑길을 걸어 집으로 가던 나
지금의 나는 옛날의 내가 알지 못했던 고장에서
옛날엔 가본 적 없는 길을 걸어
옛날에 본 적 없는 사람을 만나러 가지

옛날의 나와 지금의 나가
그다지 사이가 나쁜 건 아니라네
고향에 내려가 옛날의 나무를 보면 반가운 것처럼
지금의 나가 옛날의 나를 만나면
물총새에 얽힌 이야기와
토끼풀 뜯던 들녘 얘기를 나누며
금세 다정한 동무가 되기도 하지

지금의 나 속에
얼마나 많은 옛날의 나가 있는지
옛날의 나 속에 얼마나 많은
지금의 나가 자라고 있었는지
종종 친구들의 마음속에 남아 있는
옛날의 나를 보게 된다네
친구들은 종종 지금의 나를
옛날의 나로 착각하지
그건 나도 마찬가지
옛날의 친구와 지금의 친구 사이에서
종종 헤맬 때가 있다네

물방울처럼

사람들 나를 보고
누구를 닮았다며 재미있어 한다
어떤 사람은 옛날의 한 정치가를
어떤 사람은 서양 역사의 한 인물을
또 어떤 이는 먼 소도시의 술주정뱅이이거나
한물간 영화배우 이름을 대며 파안대소하기도 한다

그들은 나 대신
지나간 역사의 인물
옛날의 정치가
고향에서 본 술주정뱅이의 모습을
마음에 담아두고 있다
나는 나하고는 상관없는 내가 되어
그들과 함께 살고 있다
난 아직 나 아닌 나에서 나를 찾지 못하고 있다

물 위에 떠다니는 물방울처럼
역사 속이거나 혹은

시골 오일장 주변에 떠돌아다니는
나 아닌 나로부터 아직 나를 찾지 못하고 있다
갠지스강 푸른 물을 바라보고 있을까
멀리 산티아고 가는 길을 홀로 걷고 있을까
순결한 나는 어디에서 나를 찾아 헤매고 있나

팔다리가 저리다는 말

팔다리가 저리다는 말
눈이 침침하다는 말이 이제 남의 말이 아니다
봄에는 봄의 말이 있고
꽃들에게는 꽃들의 말이 있고
우리는 우리에게 어울리는 말을 이끌고 다닌다
눈이 침침하다는 말은 별이 점점 영롱해진다는 거
팔다리가 저리다는 것은 모과나무에 모과가 날마다 향기로워진다는 거
손마디가 쑤신다는 것은 들녘에 오곡백과 알알이 영글어 간다는 거
팔다리가 저리지 않으면서
어떻게 한 생의 황혼기를 맞이할 수 있겠는가
눈이 침침하지 않으면서
손마디가 쑤시지 않으면서
어떻게 생의 빛나는 한때를 돌아볼 수 있겠는가
세상의 모든 삶을 나의 삶으로 받아들일 수 있겠는가
저물어가는 모든 것이 우리들 모습이고
신은 또 그렇게 축복을 내리기도 하는 것을

따비밭

갯벌공원 가는 길 손바닥만 한 따비밭
아침부터 저녁까지 볕이 드네
백발성성한 노인 한 분 나와 계시네
봄부터 가을까지 나와 계시네
고물 자전거 타고 출퇴근하시네
땡볕 속에 매꼬자도 없이 나와 계시네
상강 지나 입동 무렵에도 나와 계시네
감자와 고추 김장배추와 고락을 같이하시네
아들딸은 나오지 않네
고추가 붉어도 마나님은 보이지 않네
작년에도 나와 계시고 재작년에도 나와 계셨네
훤칠한 키 그을린 피부 하얀 턱수염은 여전하시네

단발머리

그날 금호동 로터리를 돌아 세탁소 골목을 지나
이층집이 보이는 언덕으로
설레는 마음으로 올라가는 것을 본 것은
일찍 나와 서성이던 초저녁별밖에는 없을 것이다
이층집엔 한 소녀가 살고 있었는데
열아홉 살 단발머리가 세상에서는 제일 곱고
눈빛은 춘향이의 것만 하고 플라타너스
잎새가 바람에 흔들리던 초가을 저녁 무렵이었다

인간 세상엔 복잡한 사정은 또 있는 것이어서
나의 청춘은 그만 엉뚱한 방향으로 흘러가 버렸다
그녀의 이름을 간직하게 된 것이
겨우 남아 있는 유일한 연결고리였는데
그것이 그녀와 나의 이승에서의 인연의 전부였는데
그녀가 별이 되었다는 기별이 어느 날 당도했던 것이다
반백이 된 그녀의 머릿결과
예전엔 본 적 없는 환한 미소를 사진으로나마 보게 된 것도
그 연결고리에서 비롯된 것이었는데

그녀는 그렇게 가깝고도 먼 곳에서 별이 되어 있었다

앞으로는 쭈글쭈글하고 온통 백발이 된 그녀를 또 보게도 될 테지만
그때에도 그녀는 중후한 교양의 미를 간직한 채로
열아홉 살의 청순한 단발머리를 아주 잃지는 않고
멀고도 가까운 곳에서 빛나고 있을 것을 나는 또 믿는 것이다
가끔 그녀의 소식을 접할 때마다 그녀의 열아홉 살
단발머리를 떠올려보는 일도 이승에서는 아직 더 남아 있는 것이다

작은 시인의 방

변두리 공터에 들국화 한 무더기
꽃잎에 꽃가지에 가득한 가을 햇살
구름은 외로움의 배경이 되고 바람은 그 구름의 곁을 지나고 있다
꽃잎에 노란 빛깔 위에 가득한 고요
종종 벌들이 찾아와 인사를 하지만 또 하나의 외로움의 배경이 될 뿐
한 잎의 외로움도 떼어내지는 못한다
저 꽃은 시방 어려웠던 시절을 회상하고 있는지 모른다
혈혈단신 고단하게 살아왔다는 증거일 것이다
세상의 모든 외로움이 꽃잎 주변으로 모여들고 있다는 방증일지도 모른다
희미한 낮달을 반기며 아직 남아 있는 꿈을 추스르고 있는 까닭인지도 모른다
도회지 한 모퉁이에 들국화 한 무더기
저 고요 속에서 성스러움이 자라나기도 하겠지만
가을의 노래 한 곡조 흘러나오기도 하겠지만
저 들국화 속에서 시인이 시를 쓰고 있는 걸 아는 이는 없다

작은 꽃잎 속에 시인의 방이 있어서

시인이 그곳에서 시를 쓰고 있다는 걸 아는 것은

가끔 창문을 열고 밖을 내다볼 적에

나뭇가지에 앉아 노래를 부르는 작은 멧새밖에는 없을 것이다

죽마고우

내 친구가 사는 마을에는 높은 산도 맑은 물도 없어서 심심한 때에는 가난한 집 울타리를 타고 오르는 호박넝쿨이나 바라보는 것이다. 몇 마디 지저귀다가 이웃집 나뭇가지로 훌쩍 날아가 버리는 이름 모를 새를 바라보거나 과일 트럭이 한바탕 소란을 피우다 가는 걸 지켜보는 게 고작이다. 웅장한 역사의 유적이 남아 있는 곳으로 유람하고 싶은 마음이 없는 건 아니지만 바닷가 작은 마을을 찾아가 바다라도 한동안 바라볼 여력도 친구에겐 없는 것이다. 크고 높고 화려한 꿈은 어렸을 적에나 꾸는 것이어서 이제 친구의 꿈은 작고 알뜰하고 소박하기만 한 것으로 바뀌었는데 그 소박한 것 중의 하나가 늦둥이 외동아들이 제 밥벌이를 하는 것과 남에서 북으로 북에서 모스크바로 힘차게 달리는 기차를 텔레비전 화면으로나마 보는 것이다. 오후가 되어 그늘이 조금씩 옮겨 앉는 담장 밑으로 고양이 한 마리가 어슬렁어슬렁 걸어가고 초록빛 마을버스가 마을을 한 바퀴 돌고 뒤뚱뒤뚱 빠져나가는 길모퉁이에도 가을은 성큼 다가와 있다. 허름한 이발소 담장을 따라 한두 송이 피어 있는 가을 장미를 바라보며 친구와 나는 또 이승의 한때를 같이 보내며 두서도 없이 옛날 얘기를 소꿉장난처럼 주섬

주섬 꺼내보곤 하는 것이다.

남향집

마을 어귀에 남향집 한 채
산으로 들로 쏘다니던 철부지 아이와 젊은 어머니가 살고 있었다
토종닭도 토끼도 한 식구
참새들도 비둘기도 한 가족이었다
돼지우리엔 버크셔 그해 봄엔 만삭으로 배가 보름달만 했고
여름엔 해바라기가 맷방석만 한 꽃을 달고 울타리를 대신하고 있었다
나의 사춘기는 남향집에서 시작되어 남향집에서 끝이 났는데
어느 해 겨울엔 볕이 잘 드는 벽에 기대어 오지 않는 편지를 오래 기다리기도 했다
성 프란체스코와 그룬트비가 찾아와 함께 미지의 세계로 여행을 떠나기도 하고
라빈드라나트 타고르가 찾아와 시를 읽던 밤엔
별들이 무리 지어 찾아오고
세계의 모든 아이들이 바닷가로 몰려 나가곤 했다*
첫사랑에 낙심하여
채송화, 맨드라미, 봉숭아, 달리아를 심어

마당 가득 꽃을 피워놓은 곳도
그 남향집이었다

---

*타고르의 시 "끝없는 세계의 바닷가에 아이들이 모여든다"에서 변용.

지는 것이 이기는 것이다

싸움이 다 싸움이 아닌데
모든 싸움에서 악착같이 이겨야 할 까닭도 없다
싸워 이겨도 이긴 것이 아닌 싸움에서 나는 그냥 진다
지면서도 마음은 활엽수처럼 춤을 춘다
싸움이 싸움도 아닐 때에 지는 것은 이기는 것이지만
싸워야 할 싸움에서 지는 것은 이기는 것이 아니다
나의 동지는 이겼다
진 것 같은데 나중에 보니 이겼다
이겨봐야 이긴 것도 아닌 싸움은 싸움도 아니다
악착같이 싸워 이겼지만 나중에 보면 진 싸움도 있다

해설

자아와 세계의 화해로운 질서

김병호(시인 · 협성대 교수)

최일화 시인은 1985년의 첫 시집 상재 이후 현란하거나 상투적 표현을 거부하고 시어와 시행 하나 하나에 대한 시정신의 긴장을 부여하면서 자신만의 개성적 시세계를 구축해온 시인으로 평가받고 있다. 특히 진실된 시가 대개 그러하듯이 그의 시편들은 읽은 이의 마음에 감흥을 일으키는 데 힘을 기울이는데, 출간되는 시집들이 매번 이전과 다른 새로운 경지를 열어 정신의 모험을 보여주고 있다. 그의 시편들은 한결같이 시의 기품을 잃지 않으며, 시인이 살아내는 현실적 삶의 단면을 내면적 묵상의 어법으로 발현함으로서, 최일화 시인이 천생 시인으로 살아갈 수밖에 없는 존재적 증명도 해내고 있다.

시집 『우리 사랑이 성숙하는 날까지』(1985년)의 서문에서 낭승만 선생은 최일화 시인의 언어가 "성실한 생활인의 건강하고 정감 어린 언어"라 하였고 "자신의 생활감정을 사치 부리지 않고 기교 부리지 않으며 진지한 생활인의 모습을 담담하게" 그려내는 자질을 가지고 있는 시인으로 평하였다. 시집 『사랑스러운 너의 어머니가 너의 사랑스러움을 믿듯이』(1990년)에서 작품 해설을 맡았던 정봉래 평론가는 "일상생활의 현실에서 체감된 절실한 감정과 영탄을 아포리즘적 형식을 통해 난해성이 없는 알기 쉬운 내용으로 서정시화"하였다고 시인의 시세계를 진단하였다. 그리고 천주교 문학 시선인 『내 너를 위로하리라』(1992년)의 작품 해설에서 채수영 선생은 그의 시가 "진솔한 삶의 자세에서 절망과 기쁨의 일상을 대비적으로 보여준다"고 지적하면서 "아름다운 시에 대한 일념과 하느님과의 관계를 이원적으로 설정하지 않고 진실 추구라는 하나의 의미로" 이끌어내고 있다고 하였다.

또한 최일화 시인의 제6시집 『어머니』(1998년)의 작품 해설을 맡은 김영승 시인은 "'본래적으로 실존하는 자기(自己)'(eigentlich existierenden Selbst)'로서의 '착한' 시인"을 이야기하면서 그의 시가 '무기교 무장식'의 숭고함으로 "현란한 수사로 일어탁수하"며 "시류의 악풍과 세속의 명리만을 좇는" 요즘의 시단 흐름에 현혹되지 않고 이미 그러한 척도를 훨씬 초월해 "우리의 가슴 저편에, 그리고 가장 가까운 곳 그 중심에 놓여 있다"고

평가하기도 하였다. 시집 『그의 노래』(2016년)의 해설에서 권온 평론가 역시 그의 시가 "'순수'와 '아름다움'과 '진실'을 지향한다"면서 "시인은 밥벌이의 소중함을 간과하지 않으면서도 시의 독자성을 옹호한다. 또한 물질적인 가치가 지배하는 현대 자본주의사회에서 시의 가치를 수호한다"고 하였다.

이렇듯 최일화 시인의 시편에 대한 평가는 대체로 진솔한 시적 표현, 생활인의 건강함과 시인으로서의 자의식, 본질적 삶의 화해로운 질서 회복에 대한 열망 등으로 수렴된다. 아마도 이는 오랫동안 시인이 견지해온 일관된 시적 가치에서 기인한 것으로 보인다. 젊은 시절 바이런, 워즈워스, 괴테, 하이네 등 서구 낭만주의 시인들에게 관심을 가졌다는 시인은 시집 『시간의 빛깔』에서 자신의 시에 대해 이렇게 이야기한다. "나의 시는 아주 쉽다. 나는 쉬운 시를 쓰고 또 쉬운 시 읽기를 좋아한다. 좀 어렵다 싶으면 다시 쉽게 고치기까지 한다. 쉬우면서도 문학적 감동이 내포된 시를 쓰려고 한다. 감동과 재미가 없는 시는 언어예술로서 가치가 없다고 본다." 유행하는 시대적 추수의 대열에 휩쓸리지 않고 뒤틀린 표현과 값싼 욕망의 포장에 한눈팔지 않으며 묵묵히 자신의 시 작업을 지켜낸 최일화 시인의 열정이 어디에서 발원하여 어떻게 발현되는지를 짐작할 수 있는 대목이기도 하다.

사람들은 흔히 대상의 한 단면만을 보고 그 존재의 성질을 규

정해버리지만, 사물의 실체를 제대로 인식하려면 표면과 이면을 함께 바라보는 포괄적 시선을 갖춰야 한다. 대상은 흔히 그것을 바라보는 사람의 주관에 의해 여러 가지 의미로 산포되기 때문이다. 이러한 포괄적 시선은 우리의 삶을 대할 때나 시를 대할 때 반드시 필요한 조건인데, 최일화 시인의 작품들을 촘촘히 살펴보면 그가 지닌 시선의 폭과 인식의 깊이를 새롭게 체감할 수 있다. 이것이 35년 가까이 시를 써온 시인만의 고유한 시법(詩法)일 것이다.

그의 시는 초기부터 최근까지 일관되게 시와 삶에 대한 묵상과 닮아 있다. 이는 작품 안에서 구현되는 시인의 시적 의식이 시와 삶을 구분하지 않고 있기 때문이며, 작품 안에서 보여주는 삶에 대한 시인의 사유가 늘 시의 존재론적 성찰과 맞물려 있다. 시인의 사유는 에둘러 변죽을 울리는 법이 없고 우리의 삶과 존재에 정면으로 맞선다. 그래서 최일화 시인이 지난 세월 써낸 수많은 작품들은 평범한 일상생활에서 발견해낸 삶에 대한 진지한 탐색이며 성찰의 기록이라고 할 수 있다. 화려하거나 현란하지 아니하고 묵묵히, 그리고 철저하게 단련된 고뇌의 소산이 시의 행간에 스며 있다.

이 선집의 해설에서는 최일화 시인의 작품들을 역순으로 읽어보려 한다. 멀리서 한 편 한 편, 시인의 발자국을 따라 지금으로 돌아오기보다는, 오히려 최근 작품들을 징검돌 삼아 한 걸음 한 걸음, 최일화 시의 근원을 더듬어가는 방식이 더 유효하다고 생각하기 때문이다. 그리고 이 걸음의 끝에는 시인이 감추어놓은 시적 열정의 기원 찾아내는 설렘을 아끼며, 기대하는 마음도 크다.

여기 폐염전과 갯벌 어우러져 펼쳐진 넓은 벌판
갈매기 한 마리 길 잃어 애달피 끼룩거리며 잔뜩 흐린 하늘 높이 배회하고
저만치 부지런히 갯벌을 메워 아파트 단지를 조성하는 바쁜 현장
나는 일모(日暮)의 한때를 폐염전 물웅덩이 곁에 서서
깃털 고운 백로 두 마리 서로 쫓고 쫓기는 긴박한 순간을 목격하노니
물가에 평화로이 노닐던 저 야생의 자유로운 새들이
무슨 일로 저리 치열하게 부리를 앞세우고 날개를 푸득거리며
물을 튀겨 치열하게 쫓고 쫓기는 싸움에 휘말려 있는 것인가
먹이를 놓고 한판 다투는 듯도 하고
저만치 조신하게 있는 천생의 배필을 놓고 사투를 벌이는 듯도 하고
이내 쫓기던 녀석 공중으로 붕 날아올라 벌판에도 다시 평화가 깃드는 것을

나는 어린아이와 같이 망연히 바라보고 있다
저만치 토목공사 현장 옆으로는 팔차선 도로 부산하게 건설 중에 있고
이쪽 기존 고속도로엔 온종일 매연과 소음을 일으키며 질주하는 차량들
대도시 인근 지역 이 번거로운 이십일 세기 초엽
백로 두 마리 희고 고운 날개를 푸득거리며 쫓고 쫓기고
부리를 앞세워 용감한 병사처럼 달려들어 혈투를 벌이는 양은
차라리 한 폭 아름다운 꽃 같은 풍경
나는 오늘 저들의 치열한 생존의 모습을 목격하고서 안도하노니
대도시 인근에도 저리 건강한 야성이 여전히 살아있다는 것
타고난 본성을 마음껏 펼쳐 보이는 저 경이로운 몸짓
까마득한 옛날 먼 조상 적부터 간직해온 저들만의 습성을
나는 대도시 인근 폐염전 일모의 시각 한 폭의 그림인 양 보고 있다

—「백로」 전문

최일화 시인의 근작이라 할 수 있는 이 작품에서 시인은 '백로'를 통해 시인의 또 다른 자아를 그려내고 있다. 화자는 '건

강한 야성'으로 '치열한 생존'의 모습을 펼쳐 보이는 '경이로운 몸짓'에 감탄하고 있다. "치열하게 부리를 앞세우고 날개를 푸득거리며/물을 튀겨 치열하게 쫓고 쫓기는 싸움"을 삶의 증거로 보고 있는 것이다. 그의 시법에서는 탐색과 성찰과 묵상만으로 시를 만들어내는 것을 용납하지 않는다. 시가 되기 위해서는 시적 형상화의 과정을 거쳐 최일화 시인만의 개성적 사유와 시법으로 발효되어야만 가능하다. 탐색과 성찰, 묵상의 순도를 그대로 유지하면서 자신만의 시적 문법과 융합하기 위해 시인은 기꺼이 단련 과정도 수행한다. 특히 이 작품은 시인의 마음의 내력과 행로를 비교적 순연한 서정의 구조로 풀어내면서 고차원의 완결성을 선보이고 있다.

폐염전과 갯벌은 자연과 산업화의 대응물로서, 화자의 세상살이가 어떠한가를 상징적으로 알려준다. 화자는 "부리를 앞세워 용감한 병사처럼 달려들어 혈투를 벌이는" 두 마리의 백로를 "어린아이와 같이 망연히 바라보고" 있는데, 이때 간과할 수 없는 것이 이것들의 배경이다. "토목 공사 현장 옆으로는 팔차선 도로 부산하게 건설 중"이고, 한편의 "고속도로엔 온종일 매연과 소음을 일으키며" 차량들이 질주하는 "번거로운 이십일세기 초엽"이다. 이 자리는 고향을 떠나 산업화의 현대 시대를 관통해온 화자가 은밀하게 자기 삶의 기미와 존재의 비밀을 탐색하는 자리이기도 하다. 시인은 바로 이 자리에서 삶의 중압감, 자신을 둘러싼 고단한 외부적 현실에서 자기 내면으로 시선을 돌려 우리 삶의 본질적 가치를 더듬는다.

이십일 세기 "대도시 인근 폐염전"에서 맞는 해질녘의 시간에 시인은, 현대 사회를 살아가는 보통 사람들의 애환과 진실을 점착력 있게 바라본다. 사색의 동선을 따라 치밀한 언어로 재구성하고 정감의 파동을 만들어내는 솜씨는, 감각의 촉수를 곤두세우고 사유의 시어를 전략적으로 배치해야만 얻어지는, 최일화 시인만의 시적 환기력이라 할 수 있다. 그리고 최일화 시인의 시의 자리는 처음부터 이 자리를 떠난 적이 없어 보인다.

반백이 되도록 시인이 되지 못한 그가
은퇴하면 꼭 시인이 되리라고 다짐하고 있다
그가 시인이 되지 못한 것은
밥 먹을 궁리에만 매달려 있었기 때문이다
애들에게 공부하라고 잔소리만 하고 있었기 때문이다
이제 은퇴를 하면
멀리서 지켜보고만 있던 시인을 초대하여
그와 함께 산책도 하고
생선을 구워놓고 소주도 한잔씩 따라 마시며
꼭 시인이 되어서
젊었을 적 꿈 하나를 이루리라고 그는 다짐하고 있다
백발이 휘날리면 시인은 더 빛이 나는 것이다
옛날에는 안에 있는 시인이 늦잠을 자자 하면

그는 안 돼, 안 돼, 출근해야 해 하고
뿌리치고 일어나 바쁘게 출근을 했다
은퇴를 하고 나면
안에 있는 시인이
오늘은 나하고 바다 구경이나 가자 하면
그래, 그래, 좋은 생각이지 하고 따라나설 것이다
빨리 시인이 되어야 할 텐데
은퇴는 멀고 안에 있는 시인은 자꾸 꾀어내고

—「그는 은퇴하면 시인이 될 것이다」 전문

세상살이에 떠밀려 "젊었을 적 꿈"이었던 시인을 은퇴 뒤로 미루고 있는 이 화자는, 시인의 내면 풍경을 그대로 옮겨내고 있다. 이미 오래전부터 시인이 화자 안에 들어와 함께 살고 있었던 것을, 화자도 모르지 않는다. 그래서 시인이 되고 싶은 화자의 욕망은 더욱 강렬한 것이 되는데, 일상적 삶의 단면을 통해 젊은 날의 열망, 목에 차오르던 갈망을 화자는 고스란히 내어놓는다. 현재의 삶과 과거의 삶을 돌아보면 허전한 폐광과 같은 공허가 밀려들지만, 가파른 삶의 고비마다 뛰쳐나갈 수 없었던 낭패의 감정이 이미 그를 시인으로 만들었는지 모르겠다. 밥먹을 궁리와 아이들 양육에, 자신의 꿈을 빼앗긴 것 같지만, 화자는 시인이 되고자 하는 열망이 가져다준 낭패의 감정을 통해 오히려 자신의 일상적 삶이 어떤 의미를 지니는지 성찰하고, 그것의 평면적 관심을 넘어서서 사유의 미학적 결속에까지 이르고 있다.

이 작품은 최일화 시인에게 시인이란 열망이 얼마큼의 무게이며 어떤 가치였는지를 직접적으로 엿보게 해준다. 시인은 현실의 자아와 자기 '안의 시인' 사이의 거리를 두고 끈기 있게 관찰하고 사유하면서 '안의 시인'과 시적 화자와의 관계를 새롭게 점검한다. 화자를 감싸고 있는 주위의 형상들을 내적 성찰의 영역으로 수렴하는 화자의 태도가 바로 시인의 정신을 보여주고 있다. 이때 직접화법을 피하고 대상을 통해 마음의 지향을 표현하는 시법은 최일화 시인이 일구어낸 독자적 경지라 할 만하다. 그는 시인에 대한 욕망과 삶의 난경을 아우르며, 실제 현실 상황의 얼룩 속에서 체험의 구체성으로 사유의 추상성을 건어내는 데 아주 능한 시인이다. 이러한 그의 시법에 한 걸음 더 좇아가면 그의 시적 욕망이 얼마나 간절했던 것인지도 가히 짐작할 수 있다.

변두리 공터에 들국화 한 무더기
꽃잎에 꽃가지에 가득한 가을 햇살
구름은 외로움의 배경이 되고 바람은 그 구름의 곁을 지나고 있다
꽃잎에 노란 빛깔 위에 가득한 고요
종종 벌들이 찾아와 인사를 하지만 또 하나의 외로움의

배경이 될 뿐

한 잎의 외로움도 떼어내지는 못한다

저 꽃은 시방 어려웠던 시절을 회상하고 있는지 모른다

혈혈단신 고단하게 살아왔다는 증거일 것이다

세상의 모든 외로움이 꽃잎 주변으로 모여들고 있다는 방증일지도 모른다

희미한 낮달을 반기며 아직 남아 있는 꿈을 추스르고 있는 까닭인지도 모른다

도회지 한 모퉁이에 들국화 한 무더기

저 고요 속에서 성스러움이 자라나기도 하겠지만

가을의 노래 한 곡조 흘러나오기도 하겠지만

저 들국화 속에서 시인이 시를 쓰고 있는 걸 아는 이는 없다

작은 꽃잎 속에 시인의 방이 있어서

시인이 그곳에서 시를 쓰고 있다는 걸 아는 것은

가끔 창문을 열고 밖을 내다볼 적에

나뭇가지에 앉아 노래를 부르는 작은 멧새밖에는 없을 것이다

—「작은 시인의 방」 전문

「작은 시인의 방」은 시인의 비교적 초기 작품에 해당한다. 그러나 앞선 「백로」의 배경이 대도시 인근의 폐염전이었던 것처

럼, 이 작품의 배경 역시 변두리 공터에서 벗어나질 않는다. 일반적으로 시인이 고독과 외로움에 맞서 자신의 존재 위상을 찾으려 할 때 예술적 욕망은 최고조에 이른다. 시를 쓰는 일은 고독과 외로움에서 창조의 동력이 생성되고 시상이 충만해지며 삶의 성찰도 가능하게 되기 때문이다. 들국화 작은 꽃잎 속에 있는 시인의 방. 최일화 시인 역시 일상의 자질구레한 형적에서 벗어나 온전히 혼자만의 자존적 공간을 구축하고 명상과 성찰을 수행한다.

"혈혈단신 고단하게 살아"온 삶과 "세상의 모든 외로움"이 모여든 생활의 한복판에서 화자에게 시는 그저 아름다움을 자아내는 대상이 아니다. 이 세계와 인간의 삶을 구성하는 본질적 요소이며, 미학과 현실이 서로 내포한 세계이다. 이러한 현실이 온전히 그의 시적 세계로 거듭나면서 진정한 시적 세계가 되는데, 최일화 시인의 세계 인식은 그가 견지해온 내적 세계와 외적 현실의 대상을 상호 관련시키는 의식적 체험으로 재현되곤 한다. 이 의식의 체험은 시인의 상상력 체계 안에서 이루어지며, 작은 시인의 방에 사는 시인은 '변두리 공터' '도회지 한 모퉁이' '희미한 낮달'과 '작은 멧새'와의 상호 작용을 통해 세계와의 공존성, 혹은 공동성의 관계를 이루어낸다.

안으로 침전하는 시인의 외로움은 감각적인 대상화를 통해 현실과의 일체성을 경험하려는 시인의 의식적 지향으로 읽힌다. 시인은 "고요 속의 성스러움"처럼 자아의 본질적 세계와 화해로운 삶의 공간을 형상화함으로써 현실이 가져다주는 중압감, 외로움을 초월하고자 한다. 시를 쓰고, "나뭇가지에 앉아 노래를 부르는 작은 멧새"와 교감을 나누는 모습 역시 시인의 내향적 세계관을 담고 있으면서도 자아의 동일성을 통해 존재의 실존의식과 시인으로서의 삶의 방향성을 모색하려는 태도로 볼 수 있다. 이처럼 최일화 시인의 시적 자세와 세계관은 그가 시를 처음 쓰던 그 시절부터 지금까지 변함이 없어 보인다.

이제 그가 어떤 자세와 태도로 세상을 살아왔는지, 내면의 풍경을 더 깊숙이 살펴보도록 하자.

> 새는 살아있다
> 어릴 적 나는 밤낮없이 새를 좇아다녔다
> 새를 찾아 나무를 올려다보고 풀밭을 누볐다
> 그 열정은 내 마음 한 구석에 고스란히 살아있다
> 새는 나의 친구였다
> 오래도록 나의 애인이었다
> 무료한 영혼에 푸른 생기를 불어넣던 신앙이었다
> 내 손에 잡히지 않던 새
> 수없이 잡으려다가 실패했다
> 집을 지어 새끼를 먹여 살리던 새
> 하늘과 땅의 중간 지점에 제왕처럼 사는 새

나는 새에게 한 마리 위험한 짐승이었지만
새는 내게 불멸의 혼이고 황홀한 꿈이었다

—「새는 살아있다」 부분

시간이 나를 데리고 꽃잎을 띄우고 흘러가는 시냇물처럼 흘러가는 것이 아니라 멈춰 있는 시간을 가로질러 세상이 봄이 되었다가 가을이 되었다가 다시 봄이 되는 것이다. 움직이는 것은 시간이 아니라 움직이는 것은 참새고 나팔꽃이고 초승달이다. 가만히 있는 너를 시간이 한 발짝씩 죽음을 향하여 데리고 가는 것이 아니라 꽃이 피건 새가 울건 시간은 아무런 내색을 하지 않고 다만 네가 시간 속을 헤엄쳐 그윽한 내일을 향하여 가고 있다. 시간이 기차처럼 너를 태워 데리고 갈 때를 기다려야 하는 게 아니라 네가 물갈퀴처럼 지느러미처럼 헤엄쳐 비단잉어처럼 꿀벌처럼 물총새처럼 시간의 집터 위에 집을 지어야 한다.

—「시간에 대하여」 부분

인용한 두 편의 시는, 시인이 직면하고 있는 실제 현실에 대해, 시인이 어떤 방식으로 일관된 시적 태도를 유지하고 삶의 동일한 지향점을 견지하고 있는지를 알려준다. 특히 이 자리에서 눈여겨봐야 할 부분은 최일화 시인의 시간의식이 현재적 시간 인식을 중심으로 과거로의 회향과 미래로의 지향을 동시에 담고 있다는 점이다. 시인은 그가 직면한 상황 속에 깃든 모든 국면들을 면밀히 주시하면서 자기 앞에 현존하는 모든 것들에 대해 철학적 사색에 몰두함으로써 자신만의 추상적 사유의 유형을 획득하게 된다. 이를 의식의 지향성이라고도 하는데, 최일화 시인은 이러한 내적 지향을 통해 고정된 현실을 부재화시킨다. 즉 시의 전체적 흐름 속에서 시인으로서의 자기 존재의 연속성을 회복하려는 자아의 운동성, 즉 원형성을 의식하고 잊지 않는다는 것이다. 「새는 살아있다」에서 '새'는 시인이 처한 현실 속에서 자아 동일성의 상상력을 발휘하는 의식지향의 매개 역할을 수행하고 있다. 자아의 동일성이 손상되거나 파괴되는 일상의 현실에서 자아의 회복을 위해 현실과 맞서려는 태도로서 '새'가 가치를 증명하는 것이다.

화자는 "나의 일생은 새를 찾아다니는 긴 여정"이었다고 고백한다. 화자에게 '새'의 존재는 친구이며 애인이며, 하나의 신앙과 같다. 그러나 "새는 한 번도 내게 몸을 맡기지 않았다"고 고백하듯 화자는 단 한 번도 그 새를 잡아보지 못했다. 이런 아쉬움 때문인지, 화자는 새가 "불멸의 혼이고 황홀한 꿈"이라고 다시금 토로한다. 그러나 단지 이런 이유뿐이었을까? 화자가 '새'를 포기하지 못하는 근본적 이유, 그의 진술대로 새가 "언제나 사람보다 높은 곳에" 살고, "사람보다 먼저 아침을 만나고 먼저 봄을 맞이"하는 까닭만은 아니다. 화자에게 새는 고유한 개성을 간직한 존재이며, 지아비와 지어미의 충실한 역할을 수행하면서 신뢰와 사랑으로 가정을 지켜내는 완전한 존재로 상정되어 있다. '새'는 자아의 불연속적인 인식, 그리고 현실에 대한 불가항적 인식에서 더욱 대비되는 존재이며, 존재의 동일성을 회복하고자 하는 신앙과 같은 의지이다. 그래서 최일화 시인에게 '새'는 '시'의 또 다른 이름으로 읽히기도 한다.

「시간에 대하여」에서도 시인의 태도와 자세는 크게 변하지 않는다. 시간의 부재인식 속에서 시인은 피동적 삶을 버리고, 무의미한 현실을 극복하는 방식으로, 동일성의 상실을 회복하려는 태도를 추구한다. 화자는 "움직이는 것은 시간이 아니"라고 하면서 우리에게 "멈춰 있는 시간을 가로질러" "봄이 되었다가 가을이 되었다가 다시 봄이 되"어야 한다고 말한다. 여타의 시인들이 이런 상황일수록 추억의 과거로 돌아가려는 정서적 지향을 보이는 데 반해, 최일화 시인은 오히려 현재의 억압적 현실과 제한을 초월하려는 의지를 내보인다. 절대적 삶의 가치를 실현하고자 시도하는 일종의 시간 극복이다. 이러한 시간 극복의 의식은 물리적 시간에 대한 피동적 자세에서 벗어나는 것을 물론, 삶의 질서를 스스로 구축하고자 하는 태도와 더불어 미래 지향적 세계의 계시적 상황으로 나아가 현재의 삶을 이겨내려는 정신의 지향과 맞닿는다. 화자는 스스로 헤엄쳐 내일로 향해야 한다고 항변한다. 시간을 기다리지 말고 스스로 "물갈퀴처럼 지느러미처럼 헤엄쳐 비단잉어처럼 꿀벌처럼 물총새처럼 시간의 집터 위에 집을 지어야 한다"고 말한다. 시간이 지배하는 현실의 극한 상황을 화자는 주체적 세계 지향으로 개척하려는 의지를 보인다. 이러한 정신 지향이 최일화 시인이 현실에 맞서는 자신만의 방식이며, 일상의 현실적 고통과 억압을 초월하려는 상상력의 태도이다.

꽃을 피우고 열매를 맺는 일이
나무 혼자 해낸 일 아니듯
저 떨어지는 낙엽이 저 홀로
낙엽 되어 울긋불긋 흩날리는 것은 아니다
고양이가 오줌을 지리고 가고
새가 날아와 노래의 흔적을 남기고 가고
이웃 나무의 잎사귀와 함께
햇빛을 쬐고 사이좋게 샘물을 나눠 마시며
낙엽은 낙엽이 되기 전 오래 낙엽의 길을 걸어왔다
일월성신의 운행에 맞추어 꽃과 열매를 키워내고
키운 꽃과 열매를 다시 꽃과 열매의 길로 보내고
이제 잎사귀마저 잎사귀의 길로 보내고 있는 나무
나무는 비로소 조용히 나목으로 있고 싶은 것이다

—「나목」 부분

마을 어귀에 남향집 한 채
산으로 들로 쏘다니던 철부지 아이와 젊은 어머니가 살고

있었다
토종닭도 토끼도 한 식구
참새들도 비둘기도 한 가족이었다
돼지우리엔 버크셔 그해 봄엔 만삭으로 배가 보름달만
했고
여름엔 해바라기가 맷방석만 한 꽃을 달고 울타리를 대신
하고 있었다
나의 사춘기는 남향집에서 시작되어 남향집에서 끝이 났
는데
어느 해 겨울엔 볕이 잘 드는 벽에 기대어 오지 않는 편지
를 오래 기다리기도 했다
성 프란체스코와 그룬트비가 찾아와 함께 미지의 세계로
여행을 떠나기도 하고
라빈드라나트 타고르가 찾아와 시를 읽던 밤엔
별들이 무리 지어 찾아오고
세계의 모든 아이들이 바닷가로 몰려 나가곤 했다*
첫사랑에 낙심하여
채송화, 맨드라미, 봉숭아, 달리아를 심어
마당 가득 꽃을 피워놓은 곳도
그 남향집이었다

—「남향집」 전문

이제 최일화 시인의 궁극적인 시적 기원을 살펴볼 차례다. 최일화 시의 시작은 근원적으로, 자아의 동일성 상실을 강요하는 현실을 초월하여 자아의 통시적 세계와 연속적 질서를 회복하려는 욕망에서 기인한다. 주체와 객체의 화해된 종합의 상태, 즉 자아와 세계가 구분되지 않는 조화적인 동일성의 경지를 획득하고자 하는 자아의식이 최일화 시인의 가장 중요한 에너지였다고 할 수 있겠다. 평범한 일상 안에서 항상 근원적 자아와 자아의 신념을 다지면서, 고향을 떠나온 부재 의식과 새로운 삶의 세계를 희원하는 자아의 모색 공간은 대부분의 그의 시 속에 펼쳐져 있다.

초기 작품에 해당하는 「나목」에서도 시인은, 화해의 공동체 의식을 지향하고 있다. 화자는 "낙엽은 낙엽이 되기 전 오래 낙엽의 길을 걸어왔다"며 꽃과 열매, 잎사귀의 시간을 더듬고 그것들의 불연속적 정황을 '낙엽'이라는 심리적 총화의 원형적 이미지로 형성하여 화해의 세계, 초월의 경지를 선보이고 있다. 그리고 모든 것을 다 버린 '나목'은 시간의 변화에 따른 현실적 체험들을 유기적 통합체로 종합하려는 시인의 의식작용을 대변한다. 이러한 풍경에는 다양한 현실적 감정들을 통합하면서 삶의 연속성을 회복하고, 절대적 세계로 나가려는 시인의 의식이 반영되어 있다. 또한 "나무는 비로소 조용히 나목으로 있고 싶은 것이다"는 진술은 시인이 자아의 동일성을 상실하였을 때, 분열과 갈등의 세계를 넘어 자아의 동일성을 획득하고 결국 나목과 같이, 자아와 세계의 화해로운 질서 속으로 나아가고 싶은 욕망을 의미하기도 한다.

무엇보다 시인의 지향점은 그의 초기작 「남향집」에서 더욱 선명하게 드러난다. 토종닭과 토끼, 참새와 비둘기, 돼지, 해바라기, 채송화, 맨드라미, 봉숭아, 달리아, 그리고 밤하늘의 별과 성 프란체스코와 그룬트비, 타고르까지도 한 가족이었던 '남향집'은, 최일화 시인에게 시적 고향과 같은 근원적 공간이다. 자아의 실존적 태도를 갖추고, 유년의 낭만적 현실 속에서 시인은 화자를 통해 자신의 자아의식을 강화하고 시인으로서의 지향도 보여준다. 첫사랑의 편지를 기다리는 순정한 모습은 실존적 삶의 세계를 추구하려는 자아의 동일성 회복의 태도를 견지하는 동시에 내적 갈등을 극복하고 세계와의 화해를 보존하려는 욕망을 감추지 않는다. 시인의 이러한 정서와 태도는 마치 윤동주의 「별 헤는 밤」과의 순정함과도 닮아 있다고 할 수 있다. 첫사랑에 낙심한 화자는 "나의 사춘기는 남향집에서 시작되어 남향집에서 끝이 났"다고 고백하지만, 최일화 시인의 시세계는 여전히 이 남향집에 놓여 있다. 남향집은 그에서 시의 절대 공간이다. '남향집'은 자아의 본질적 세계와 화해로운 삶의 공간의 상징이며, 고난한 일상의 현실이 주는 중압감을 초월하는 동력의 기원이며, 개인의 순한 의지들이 억압된 현실을 초월하기 위한 절대적 시간과 공간이기 때문이다.

그동안 최일화 시인은 자신이 살아가는 현대사회의 일상적 단면을 대상화하여 우리 삶의 본질적 가치와 존재론적 인식을 담아내려 하였다. 앞선 개별적 시집에 대한 평문에서 많은 이들이 지적했던 바와 같이, 그는 일상의 현실적 삶의 정서들을 자아화하여 상실과 부재적 현실을 극복하며 그 너머의 진실과 본질의 가치를 추구하여 왔다. 특히 세상살이의 힘겨운 고비들과 내면의 시적 거리를 유지하면서 신산한 삶의 내력에서 자신만의 삶의 방식으로 체감하고 때론 너그럽게 받아들이는 순례자와도 같은 그의 시적 태도는 요즘 우리 시단에서 보기 드문 귀한 풍경이라고 하겠다.

담백한 어조와 명징한 이미지를 통해 시인이 그려내는 세계는, 시적 자아와 세계의 상호작용의 산물이다. 그는 우리 사회의 현실에 대한 인식을 반영하면서도 자신이 지닌 시인으로서의 자의식도 선명하게 드러낸다. 즉 일상의 풍경 단면 속에서도 놓치지 않는 순간의 성찰은 자아의 발견, 세계와의 상호 교감으로 이어낸다. 무엇보다 값싼 현란한 수사로 독자를 현혹시키는 것이 아니라 삶에 대한 순정한 열정과 천성적인 낭만성으로 우리 삶의 보편성과 연속성을 회복하려는 끊임없는 그의 시적 노력은 우리 시사가 놓쳐서는 안 될 그만의 진면목이라고 하겠다. 그리고 이러한 그의 시적 열정이 여전히 현재진행형으로 더욱 성숙한 경지를 선보일 것을 기대하는 일이 시인 최일화를 힘껏 응원하는 우리의 몫임도 잊지 말아야 할 것이다.

이 도서의 국립중앙도서관 출판시도서목록(CIP)은 서지정보유통지원시스템 홈페이지(http://seoji.nl.go.kr)와 국가자료공동목록시스템(http://www.nl.go.kr/kolisnet)에서 이용하실 수 있습니다.(CIP제어번호: CIP2019040997)

시인동네 시선집

마지막 리허설

초판 1쇄 인쇄 2019년 10월 22일
초판 1쇄 발행 2019년 10월 29일
지은이 최일화
펴낸이 고영
책임편집 서윤후
디자인 헤이존
펴낸곳 문학의전당
출판등록 제2017-000002호
주소 서울시 마포구 마포대로 11길 91, 3층
전화 02-852-1977 팩스 02-852-1978
전자우편 sbpoem@naver.com

ISBN 979-11-5896-437-5 03810

* 잘못 만들어진 책은 바꿔드립니다.
* 이 시집은 2019 인천형예술인지원사업에 선정되어 발간하였습니다.